토론 쫌 하는
중딩이 되고 싶어

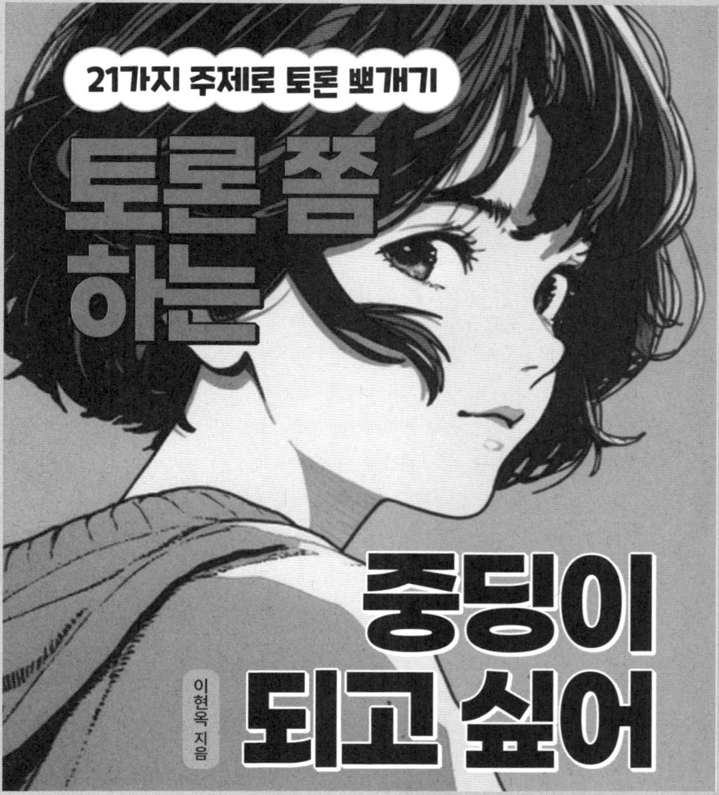

21가지 주제로 토론 뽀개기

토론 쫌 하는

중딩이 되고 싶어

이현옥 지음

느낌있는책

여러분은 '토론'이라는 말을 들으면 어떤 생각이 드나요? 아마 긍정보다는 부담스럽다는 느낌이 먼저 들 것 같습니다. 많은 10대들은 토론을 떠올리면 막막함과 두려움을 느낍니다. 친구들 앞에서 자신의 생각을 말하는 것이 어색하고, 혹시 엉뚱한 말을 하지는 않을지 걱정이 앞서기도 합니다. 누군가의 반박에 어떻게 대답해야 할지 몰라 머뭇거리거나, 아예 말을 하지 않고 조용히 있는 친구도 있습니다. 자료를 찾고 논리를 세우는 과정도 어렵게 느껴져, 토론 자체를 피하고 싶어지는 경우도 많습니다.

하지만 "아는 만큼 보인다"는 말처럼, 토론 주제에 대한 배경 지식을 쌓으면 할 이야기가 생깁니다. 그 위에 자신의 생각을 더하면 한 발짝 더 나아간 의견을 만들 수 있죠. 그래서 처음부터 복잡한 토론이 아니라, 가장 쉽고 분명한 '찬반 토론'으로 시작해보면 좋겠습니다. 찬반 토론은 주어진 주제를 스스로 분석하고, 다양한 관점에서 바라보는 힘을 길러줍니다.

토론은 생각하는 힘과 말하는 힘을 함께 키워줍니다. 자신의 주장을 논리적으로 말하고, 다른 사람의 의견을 듣고 존중하는 과정에서 사고력과 소통 능력이 자랍니다. 자료와 근거를 찾으며 스스로 공부하는 힘도 함께 길러집니다.

토론을 쉽게 시작했으면 좋겠습니다. 평소에 궁금했던 것, 친구와 이야기해보고 싶은 주제부터 가볍게 시작해보세요. 일상에서 느끼는 작은 질문 하나가 토론의 출발점이 될 수 있습니다. 그렇게 한 걸음씩 나아가다 보면, 토론은 두려운 것이 아니라 자신의 생각을 키우는 든든한 도구가 되어 있을 것입니다.

2026년 2월

이현옥 선생님

차 례

Chapter 01

토론이란 무엇일까?

토론은 여러 사람이 모여 한 가지 주제에 대해 서로의 의견을 나누는 것입니다. 하나의 주제에 다양한 생각을 가진 사람들이 각각 자신의 의견이 옳다는 것을 논리적인 근거를 들어 주장하고 상대방의 주장에 반박하면서 서로를 설득하기 위한 활동입니다.

'토의'라는 말을 들어본 적이 있나요? 토론과 토의는 다릅니다. 토의는 여러 사람이 자유롭게 의견을 나누고 서로의 생각을 듣고 조율하면서 문제를 해결하거나 하나의 결론에 도달하는 협력 과정입니다. 토의의 목적은 다양한 의견을 모아 합의점을 찾고 해결책을 찾는 데 있습니다. 찬성과 반대를 나누지 않고 다양한 의견을 존중하며 최선의 답을 찾아가는 것이 특징입니다.

한편 토론은 상대방을 설득하거나 제3자가 들었을 때 어느 쪽이 더 타당한지 판단하는 것이 목적입니다. 최종적으로 의견 일치나 결정을 내리는 것이 아니라 각자의 입장을 분명히 드러내고 논리적으로 대립하는 것이 특징입니다.

	토론(Debate)	토의(Discussion)
목적	상대방 설득, 논박	의견 조율, 협의 도출
방식	찬반 등 대립 구도	자유로운 의견 교환
결과	승패 또는 우위 결정	의견 일치, 문제 해결
태도	논리적 반박 중심	협동, 타협 중심
예시	교복 착용 찬반 토론	학교 행사 아이디어 모으기

토론을 시작하기 위해서는 먼저 주제를 정해야 합니다. 모두가 관심 있는 주제일수록 좋습니다. 또한, 생각이 각자 다른 방향으로 진행되는 주제가 토론에 적합합니다. 너무 어려운 주제나 모두가 비슷하게 생각하고 있는 주제는 피합니다. 재미있으면서도 다양한 의견을 나눌 수 있는 주제를 선택하면 좋습니다.

주제가 정해졌으면 본격적으로 토론을 준비합니다. 우선 관련 자료를 찾아봅니다. 책이나 신문, 인터넷을 통해 찾을 수 있습니다. 한 매체에서 찾기보다 다양한 사이트와 방법을 이용합니다. 자료가 다양할수록 생각할 거리도 많아집니다.

자료 수집이 끝났다면 정리합니다. 찬성과 반대로 나누거나 기준을 정해서 나누면 좋습니다. 혼자 조사한 내용은 한계가 있으니 함께 토론할 친구나 가족들과 자료를 공유합니다. 더 다양한 생각을 알 수 있어 좋습니다. 팀을 나누어서 자료를 모으면 다양하고 깊이 있는 자료를 모을 수 있습니다.

마지막으로 토론 규칙을 정합니다. 차례를 정해 한 사람씩 발언하면 모두가 충분히 의견을 이야기할 수 있습니다. 상대방의 말을 모두 듣고 난 다음 차례대로 한 사람씩 의견을 말합니다. 상대편이 말하는 도중에 끼어들지 않고 끝까지 경청하는 것이 중요합니다. 필요한 경우에는 하고 싶은 말을 메모해 두었다가 자기 차례에 말하면 됩니다. 이때, 상대방의 생각이 내 생각과 다르다고 무시하지 않도록 조심합니다. 상대방의 주장이 말이 안 된다고 지적하거나 비웃지 않습니다. 상대방이 주제에서 벗어난 말을 하더라도 존중해야 합니다. "나는 그렇게 생각하지 않아"라고 의견을 말할 수는 있지만 "그건 틀렸어"라고 말하지 않습니다. 한사람이 너무 오래 말하다 보면 골고루 말할 시간이 줄어듭니다. 정해진 시간 안에 논리적이고 명료하게 말하도록 합니다. 이렇게 규칙을 정해두면 즐겁고 질서 있게 토론에 참여할 수 있습니다.

토론을 시작할 때는 우선 자신의 주장과 그렇게 주장하는 이유를 설명합니다. 주장과 이유를 말할 때는 분명하게 말해야 합니다. 얼버무리거나 말끝을 흐리지 않습니다. 내가 어떤 생각을 가지고 있고 왜 그렇게 생각하는지 정확하게 설명합니다. 긴장하면 말이 빨라지기 쉽기 때문에 약간 천천히 말한다는 생각으로 말해야 합니다. 발표하기 전에 메모지에 주요 내용을 정리해두면 도움이 됩니다.

발표 내용을 머릿속에 정리하여 또박또박 말합니다. 듣는 사람과 눈을 맞추려고 노력합니다. 실수하더라도 다시 천천히 말하면 되니 너무 걱정하지 않아도 됩니다. 발표하기 전 생각을 정리하고 말하는 연습을 하면 도움이 됩니다.

내 의견을 모두 말한 다음에는 반드시 상대방의 의견을 경청해야 합니다. 상대방의 말을 듣다가 질문이 생기면 예의를 갖추어 물어봅니다. 그래야 더 정확한 정보를 얻을 수 있습니다. 상대방의 생각과 다른 점이 있다면 근거를 활용해서 반대 의견을 주장합니다. 이때, 감정적으로 말하지 않도록 주의합니다.

마지막으로 각자 자신의 입장을 다시 한번 정리합니다. 지금까지 나온 주장과 근거, 상대 팀의 주장에 대한 생각을 간단하게 정리해서 말합니다. 토론을 마친 후에는 각자의 의견을 들으면서 어떤 생각이 들었는지, 어느 팀의 주장이 더 설득력 있었는지 평가하거나 의견을 나눠봅니다. 이렇게 서로 좋았던 점과 아쉬웠던 점을 이야기하며 토론 기술을 발전시킬 수 있습니다.

토론의 형식은 진행 방식에 따라 여러 가지로 나뉩니다. 먼저 자유 토론은 정해진 순서나 엄격한 규칙 없이 참가자들이 자유롭게 의견을 말하고 서로 질문하거나 반박하는 형식입니다. TV 토론이나 일상에서 친구들과 의견을 나눌 때 자주 사용하는 방식입니다. 발언 순서가 없어 누구든 자유롭게 말할 수 있습니다. 한 가지 쟁점에 대해 여러 각도에서 이야기할 수 있습니다. 다만 한 사람이 너무 많은 말을 하거나 상대방의 말을 끊는 등 질서가 흐트러질 수 있습니다. 그래서 발언 기회를 공평하게 나누고 질서를 잡아주는 사회자의 역할이 중요합니다. 자유롭다는 장점이 있지만 산만해질 수 있다는 점을 주의해야 합니다.

아카데미식 토론은 엄격한 규칙과 순서에 따라 진행되는 토론입니다. 찬성 팀과 반대 팀이 번갈아 주장과 질문, 반박을 합니다. 토론 수업이나 토론 대회에서 주로 사용하는 방식입니다. 팀별로 발언 시간과 순서가 정해져 있어서 모두가 공평하게 의견을 말할 수 있습니다.

짝 토론은 두 사람이 한 쌍이 되어 한 명은 찬성, 다른 한 명은 반대 입장을 맡아 토론하는 방식입니다. 두 사람이 번갈아 가며 주장, 질문, 반박을 주고받습니다. 하브루타 토론이라고도 합니다. 한 주제에 대해 서로 다른 주장을 펼치고 상대방의 생각을 이해하는 연습이 됩니다.

복잡한 규칙 없이 여러 명이 돌아가며 생각을 말하는 간이 토론도 있습니다. 토론이 너무 어렵게 느껴지거나 시간이 부족할 때 쉽게 시도할 수 있는 토론의 형식입니다.

논제가 무엇이냐에 따라 사실 토론과 가치 토론, 정책 토론으로 나누기도 합니다. 사실 토론은 어떤 현상이나 대상이 참인지 거짓인지 따지는 토론입니다. 지구는 평평한가를 주제로 토론을 한다면 사실 토론입니다.

한편, 어떤 것이 옳은지, 좋은지, 나쁜지 등 가치 판단을 논의하는 것이 가치 토론입니다. 동물 실험은 정당한가를 주제로 한다면 가치 토론으로 진행할 수 있습니다.

특정 정책이나 제도의 찬반, 도입 여부 등 실제 행동이나 변화를 논의하는 것은 정책 토론입니다. 예를 들어 촉법소년 제도를 유지할 것인가라는 주제로 정책 토론을 할 수 있습니다.

토론의 종류는 목적과 상황에 따라 다양하게 선택할 수 있습니다. 각 방식마다 규칙과 특징이 다르므로 주제와 상황에 맞는 방식을 고르는 것이 중요합니다.

토론에서 가장 중요한 것은 서로의 의견을 존중하는 태도입니다. 여러 사람이 서로 다른 생각을 가지고 모이면 나와 생각이 전혀 다른 사람과 만나게 됩니다. 그럴 때 상대 의견을 무시하거나 비웃지 않고 끝까지 경청하는 자세가 필요합니다. 상대의 생각을 인정하며 "그 생각도 일리가 있어"라고 인정하고 받아들이는 태도는 토론의 기본자세입니다. 이해되지 않는 의견이 있다면 왜 그렇게 생각하는지 예의있게 물어봅니다.

또한 반드시 이기겠다는 공격적 자세나 상대방의 성격, 과거 등을 공격하는 인신공격은 금지입니다. 이는 토론의 본질에서 벗어나는 행동입니다. 존중과 배려가 바탕이 될 때 건강한 토론이 이루어질 수 있습니다.

태도가 준비되었다면 이제는 주장하는 힘, 즉 논리가 필요합니다. 아무런 근거 없이 "나는 찬성이야"라고만 말하면 설득력이 없습니다. 주장을 뒷받침할 수 있는 이유와 근거를 함께 말해야 합니다. 책이나 뉴스, 통계 자료나 전문가의 의견, 연구 결과 등은 모두 좋은 근거가 됩니다. 실제 사례나 구체적인 상황을 들어 설명하면 설득력이 높아집니다.

하지만 근거를 많이 제시하더라도 그 안에 허점이 있다면 오히려 역효과가 날 수 있습니다. 예를 들어, 몇 번의 경험이나 일부 예외적인 경우만 보고 전체가 그렇다고 단정하는 성급한 일반화는 잘못된 판단을 불러옵니다.

감정에 호소하거나 불확실한 증거도 피해야 합니다. 이처럼 자신의 주장과 근거를 항상 점검하며 오류가 없는지 확인하는 태도가 필요합니다.

마지막으로 토론은 자기 주장만 펼치는 자리가 아닙니다. 상대방의 주장을 정확히 이해하고 그 안의 모순이나 약점을 짚어내는 것도 중요합니다. 반대되는 예시를 들거나 더 나은 대안을 제시하면 설득력이 커집니다. 긴 설명보다는 핵심을 요약해 말하고 중요한 주장은 여러 번 강조하는 것이 효과적입니다. 이렇게 하면 논리가 자연스럽게 강조되면서 상대방에게 강하게 주장할 수 있습니다.

Chapter 02

본격
찬반 토론

1장

10대와 권리

교복 대신 사복을 허용하라!

수업 중 스마트폰을 자유롭게 쓸 수 있다면?

시험은 우리 삶에 꼭 필요한 걸까?

더 많은 학생이 1등급을 받을 수 있다면?

교과서 대신 태블릿을 사용한다면?

10대 청소년 화장, 허용해야 할까?

학생들은 남친, 여친 금지!

교복 대신 사복을 허용하라!

너 오늘 입고 온 후드 어디서 삼? 완전 이쁘던데?

아 나 그거 때문에 오늘 담임 쌤한테 걸렸어;

엥? 왜?

교복 위에 사복 겹쳐 입지 말라잖아——
맨날 이렇게 서로 기분 상하고 그럴 바에는
그냥 사복 입게 해주는 게 낫지 않나?

음... 근데 난 교복 입으면 소속감도 들고
아침에 뭐 입을지 생각 안 해도 돼서 좋아ㅋㅋ

그건 좋긴 한데
그 이유만으로 교복만 입으라고 하는 건 좀 그래
둘 다 만족할 좋은 방법은 없는 거임?

끝장
토론 배틀

사회자 학생은 단정하게 교복을 입어야 한다는 어른들의 주장과 복장으로 개성을 표현하고 싶어 하는 학생들 사이의 갈등이 만만치 않습니다. 학생들 사이에서는 왜 모두가 똑같은 교복을 입어야 하느냐는 불만도 터져 나오지만, 일부 친구들은 교복은 학교의 상징이며 질서와 소속감을 준다고 주장하기도 합니다. 오늘은 이 뜨거운 논쟁, '교복 대신 사복을 허용하라'라는 주제로 토론해 보겠습니다.

원영 여름에는 덥고 겨울에는 추워도 학생은 늘 같은 교복을 입어야 합니다. 이런 규칙은 학생의 자유와 권리를 억압합니다. 저는 교복 대신 스스로 선택한 사복을 입을 수 있어야 학생 인권이 보장된다고 생각합니다. 학생인권조례에도 학생이 복장과 두발 등 용모에서 자신의 개성을 실현할 권리가 있다는 내용이 있습니다. 하지만 현재 학생들은 교복 착용으로 인해 개성을 드러내지 못해 스트레스를 받습니다. 그 스트레스를 조금이라도 해소하기 위해 교복 위에 사복을 입곤 합니다. 이로 인해 가끔 선생님께 걸려 참교육을 받긴 하지만 포기할 수 없습니다. 남들과 똑같은 모습을 원하지 않기 때문입니다. 안 그래도 학업 문제로 스트레스가 큽니다. 이런 상황에서 옷까지 마음대로 입지 못하는 것은 명백히 학생의 인권을 억압하는 일이라 생각합니다.

은우

저는 교복이 학생 인권을 억압하고 스트레스의 원인이 된다는 주장에 동의할 수 없습니다. 오히려 사복이 더 스트레스를 받게 만든다고 생각합니다. 일단 사복을 구매하려면 돈이 듭니다. 교복은 한 벌씩만 사두면 3년 내내 입을 수 있지만 사복은 계절마다 여러 벌이 필요하니 경제적으로 부담이 됩니다. 또한, 아침마다 뭘 입을지 고민하는 것도 스트레스입니다. 교복을 입으면 경제적 부담과 고민에서 벗어날 수 있고 등교 준비 시간도 단축할 수 있습니다. 이처럼 교복 착용은 장점이 많고 학생들의 부담을 줄여주는 현실적인 제도입니다.

혜정 마음에 들지도 않는 교복에 30~50만 원을 지출해야 하는데 이걸 경제적이라고 할 수 있을까요? 게다가 교복은 학교에서만 입지만 사복은 여러 장소와 상황에서 입을 수 있으니 오히려 더 실용적이고 경제적이라고 할 수 있습니다. 더군다나 교복은 활동에 제약을 주는 불편한 옷입니다. 요즘 나오는 교복은 몸에 딱 맞게 디자인되어 나오는 경우가 많습니다. 그래서 어깨와 다리가 조여 움직이기가 어려워요. 그뿐만 아니라 겨울에는 춥고 여름에는 통풍이 잘 안 되는 경우가 많아 건강에도 악영향을 줄 수 있습니다. 계절에 따라 동복, 하복, 춘추복 등으로 나뉘어 있지만, 기온과 상관없이 똑같은 교복을 입어야 합니다. 결국 교복 착용은 경제적이지도, 실용적이지도, 건강하지도 않은 제도라고 생각합니다.

진수 저는 교복이 불편한 옷이라는 의견에 동의하기 어렵습니다. 만약 교복 대신 사복을 입는다면, 유행에 민감한 학생들은 크롭티처럼 짧은 상의나 몸에 지나치게 딱 붙는 옷을 입을 수 있습니다. 이런 옷들은 일상생활이나 수업에 더 큰 제약을 줍니다. 요즘 교복은 신축성이 좋은 소재를 사용하고 활동하기 편한 디자인으로 바뀌고 있고, 학교에 따라 체육복을 일상복처럼 입을 수 있게 하거나 생활복을 도입하는 등 편의성을 높이려는 노력을 계속하고 있습니다. 이런 흐름을 보면 교복 자체의 문제라기보다는 인식의 문제가 아닐까요?

사회자 학생들이 각자 교복에 대해 느끼는 장단점이 극명하게 다르네요. 교복과 사복의 장단점을 보완하고 학생들에게 경제적 부담과 개성을 함께 고려할 수 있는 복장이 있으면 좋겠다는 생각이 듭니다. 교복과 사복 착용에 대한 마지막 의견을 들어보겠습니다.

원영 앞서 주장하신 의견과 다르게 교복은 오히려 경제적 부담을 크게 만듭니다. 일단 교복값이 상당히 비쌉니다. 무상으로 지원되는 것은 한 벌뿐입니다. 생활복이나 체육복은 따로 구입해야 하고 자주 갈아입어야 하는 와이셔츠나 블라우스는 여러 벌 준비해야 합니다. 성장을 대비해 교복을 새로 구입하는 경우도 생길 수 있습니다. 교복 판매 업체가 많지 않기 때문에 가격이 저렴해지기는 어려울 거예요. 결론적으로 교복은 초기 구입 비용과 지속적인 교체 비용 등으로 인해 경제적 부담을 느끼게 하는 요인이 될 수 있습니다. 따라서 교복이 경제적이라는 주장은 현실과 맞지 않다고 생각합니다.

은우 저는 마지막으로 교복 착용의 긍정적인 역할에 대해 말씀드리고 싶습니다. 교복 착용은 학생들 사이의 위화감과 불필요한 경쟁을 막아주는 역할을 합니다. 만약 학교에서 사복이 허용된다면 학생들은 자연스럽게 유행하는 옷이나 값비싼 브랜드를 선호하게 될 거예요. 그러다 보면 옷차림 경쟁이 생길 수 있고 몇몇 학생들은 친구들과 자신을 비교하며 상대적 박탈감을 느끼거나 소외감을 경험할 수 있어요. 명품 브랜드나 유행하는 옷을 입는 학생과 그렇지 못한 학생 사이에 계층이 형성될 우려도 있습니다. 교복을 입으면 모든 학생이 동등할 수 있고 불필요한 경쟁과 차별을 발생시키지 않는 평등한 환경을 조성해줍니다.

사회자 양측의 의견 잘 들었습니다. 교복과 사복을 둘러싼 개성과 강제적 측면, 그리고 경제적 부분에서의 심도 있는 논의를 들어보았는데요, 단순한 복장 문제를 넘어 학생들의 주체성과 학교의 역할 등에 대해 생각해볼 거리를 던

져주었습니다. 현재 많은 학교에서 교복 제도를 유지하고 있는 만큼 교복과 사복이 어떻게 조화를 이룰 수 있을지에 대한 논의가 이어지기를 기대하며 토론을 마무리하겠습니다.

한 줄 요약 팩트 톡

	찬성	반대
논거	**1.** 교복은 개성과 표현의 자유를 억압하고 학생 인권을 침해한다.	**1.** 교복은 옷 고민과 경제적 부담을 줄여 준다.
	2. 교복은 활동성이 떨어지고 기온과 관계없이 동일하게 입어야 하기 때문에 학생의 건강을 해칠 수 있다.	**2.** 교복은 유행에 치우친 옷보다 활동에 더 적합하다.
	3. 교복은 비싼 가격과 추가 구입, 성장에 따른 교체 비용으로 경제적 부담을 가중시킨다.	**3.** 교복은 옷차림으로 인한 빈부격차와 불필요한 경쟁을 해소하여 평등한 교육 환경을 제공한다.

토론 후 톡

☞ 내가 생각하는 교복과 사복의 장단점은?

☞ 내가 교장 선생님이라면 우리 학교는 사복, 교복 무엇을 선택할까? 그 이유는?

☞ 만약 교복을 직접 디자인할 수 있다면, 어떤 기능을 넣으면 좋을까?

학교에서는 왜 교복을 입어야 할까요? 질서를 위해서? 아니면 오래된 전통이기 때문에? 이러한 질문은 단순히 복장 규정에 대한 논쟁을 넘어 학생의 자유와 인권, 학교의 역할에 대해 함께 생각하게 만듭니다.

학생들이 교복을 자유롭게 선택하거나 특정 요일에는 사복을 입을 수 있도록 하는 등 선택권을 확대해야 합니다. 이런 '교복 자율화'는 학생의 개성과 자율성을 존중하고 창의적인 학교 문화를 만드는 데 도움이 됩니다. 특히, 학생, 학부모, 교사가 함께 논의하여 학교 여건에 맞는 교복 운영 방식을 결정하는 것이 중요합니다. 교복은 학생들이 학교에서 활동하기에 편안하고 실용적이어야 합니다. 따라서 기존의 정장형 교복에서 벗어나, 생활복형 교복이나 맨투맨, 후드 재킷, 바시티 점퍼 등을 적극적으로 도입해야 합니다. 또한, 계절에 따라 학생이 직접 옷을 선택할 수 있도록 합니다. 여름에는 시원하고 겨울에는 따뜻한 옷을 입을 수 있도록 해야 합니다. 이런 변화는 학생의 건강과 학습 효율에도 긍정적인 영향을 줄 수 있습니다.

교복은 가격이 비싸기 때문에, 가정에 경제적 부담이 될 수 있습니다. 따라서 교복 공동구매, 무상 교복 지원, 중고 교복 활용, 현금성 지원 등 다양한 방법으로 학부모 부담을 줄여야 합니다. 특히, 시·도 교육청 차원에서 교복비 지원 내실화와 단가 조정, 품목 간소화 등 정책을 지속적으로 개선해야 합니다. 또한, 교복 선정위원회의 역량을 강화하여 공정하고 투명한 절차로 업체를 선정하는 것이 중요합니다. 각 학교는 학생, 학부모, 교사의 의견을 반영하여 교복 운영 모델을 자율적으로 선택할 수 있도록 해야 합니다. 경기도교육청처럼 꾸러미·품목 자율 선택, 자유 복장, 드레스코드 통일, 비정장형 교복 등 다양한 모델을 제시하고, 학교에 맞는 방식으로 적용하는 것이 바람직합니다. 마지막으로, 우수한 교복 운영 사례를 발굴·공유하여, 다른 학교에도 좋은 모델이 확산될 수 있도록 지원해야 합니다.

수업 중 스마트폰을
자유롭게 쓸 수 있다면?

**속닥속닥
TMI 톡**

<   Q ≡

야 요즘 학교에서 왜 자꾸 폰을 뺏어가는 것임?

> 아 수업 시간에 핸드폰 제출하라고 하는거?
> 솔직히 나도 처음에는 뭐 하는 거지 싶었는데
> 지금은 좀 괜찮은 거 같음

그건 또 뭔 소리야?

> 아니 왜냐하면
> 집에서도 하루 종일 핸드폰 보는데
> 학교에서라도 안하면
> 디지털 디톡스?? 그런 느낌ㅋㅋㅋ

그래도.... 이건 좀 아니지ㅜㅜㅜㅜ

> 그리고 학교에서 친구들이랑 대화도 많아져
> 이게 좀 좋긴해 나는 ㅋㅋ

하긴 핸드폰 안 할 때는
친구들이랑 이야기를 많이 하긴 해...
두 가지 방법 다 섞은 새로운 방법은 없는 건가?ㅜㅜ

끝장
토론 배틀

사회자 얼마 전 한 고등학교에서 수업 중 스마트폰을 사용을 제지했다는 이유로 학생이 교사를 폭행한 사건이 있었습니다. 이 사건은 단순한 교권 침해를 넘어, 스마트폰 과몰입에 대한 사회적 우려를 더욱 깊게 만들었죠. 과도한 스마트폰 사용 현상은 우리나라만의 문제가 아닙니다. 유럽의 여러 나라에서는 이미 학교에서 스마트폰 사용을 금지하는 법을 만들고 있다고 해요. 하지만 일각에서는 이러한 전면 금지가 오히려 교육의 기회를 빼앗는다고 주장합니다. 스마트 기기를 활용한 수업이 학습에 도움이 된다는 이유에서입니다. 과연 수업 시간에 스마트폰을 사용하는 것이 옳은 일일까요? 잘못된 일일까요? 이번 시간에는 이 문제에 대한 학생들의 의견을 들어보겠습니다.

（은우） 현대 사회의 필수품인 스마트폰을 수업 시간에만 사
용하지 못한다는 것은 시대에 맞지 않는 발상입니
다. 스마트폰의 가장 큰 장점은 전자책, 학습 웹사이트, 영상
자료 등 다양한 자료를 언제든 쉽고 빠르게 찾아볼 수 있다는
점입니다. 그 덕분에 수업 중 궁금한 점이 생기면 바로 해결하
여 자기 주도적으로 학습할 수 있습니다. 빠른 정보 탐색은 호
기심을 유지시키고 더 깊이 있는 학습으로 이어지게 합니다.
또한, 스마트폰을 활용하면 더욱 생생하게 학습할 수 있습니
다. 예를 들어, 역사 시간에 자료나 영상을 바로 찾아 볼 수
있고 과학 시간에는 시뮬레이션이나 영상으로 안전하게 실험
을 대체할 수 있습니다. 스마트폰은 이렇게 학습에 도움을 주
는 도구입니다. 규제하고 금지할 것이 아니라 적절히 활용할
수 있어야 한다고 생각합니다.

（진수） 은우 학생은 스마트폰으로 궁금한 내용을 바로 해
결할 수 있다는 점을 장점으로 들었지만 저는 오히
려 그것이 문제라고 생각합니다. 모르는 내용이 나오면 시간
을 들여 깊이 생각해보거나 선생님께 질문하고 친구들과 토론
하면서 답을 찾는 과정이 진짜 공부입니다. 스마트폰으로 정답

을 바로바로 검색하면 편리하겠지만 스스로 생각하는 힘을 기르기 어렵습니다. 그리고 자료를 검색하다가 유튜브 추천 영상이나 SNS 알림에 빠져들기도 쉽습니다. 선생님이 감독하면 되지 않냐고 할 수도 있지만, 선생님이 모든 학생을 일일이 관리하기는 어렵습니다. 무엇보다 스마트폰은 중독성이 강합니다. 올바른 활용법을 익히면 된다고 하지만 도파민 중독을 일으키는 스마트폰을 스스로 조절하기란 매우 어려운 일입니다.

혜정　　스마트폰을 사용하면서 발생하는 문제점에만 너무 초점을 맞추면 안 됩니다. 은우 학생은 스마트폰 검색이 스스로 생각하는 힘을 기르기 어렵다고 우려했지만 저는 생각이 좀 다릅니다. 검색을 통해 얻은 정보 중에서 진짜와 가짜를 구분하는 것도 사고력이기 때문입니다. 수많은 정보 중에서 진짜 정보를 판단하고 활용하는 능력은 디지털 사회에서 반드시 필요한 능력입니다. 또한 중독성을 걱정하셨는데, 그렇다면 더더욱 금지할 게 아니라 올바른 사용법을 가르쳐야죠. 학교에서 무조건 금지하기만 하면 학교 밖에서는 아무런 판단 기준 없이 스마트폰을 사용하게 됩니다. 오히려 선생님의 지도에 따라 적절히 사용하면 밖에서도 조절 능력을 기를 수 있지 않을까요? 스마트폰을 사용하느냐 마느냐가 아니라 '어떻게' 활용할지 고민해야 할 때입니다. 문제점에만 중점을 두고 무조건 금지하는 것은 시대에 뒤떨어진 교육이죠.

원영　진짜 정보, 가짜 정보를 판단하는 능력도 중요하지만 수업 시간에는 선생님 설명에 집중하는 것이 먼저죠. 스마트폰으로 정보를 검색하느라 수업 내용을 놓칠 수 있습니다. 미국 럿거스 대학의 연구에 따르면 수업 중 스마트폰 사용이 허용된 학생들의 성적이, 그렇지 않은 학생들보다 평균 5% 정도 낮았다고 합니다. 스마트폰이 책상 위에 놓여 있기만 해도 집중력이 떨어진다는 연구 결과도 있습니다. 스마트폰의 존재만으로도 집중력이 떨어질 수 있다는 뜻입니다. 앞서 진수 학생이 이야기했듯 한 명의 선생님이 반에 있는 모든 학생의 스마트폰 사용을 일일이 확인할 수는 없습니다. 수업 자료를 검색한다는 이유로 몰래 게임이나 SNS를 하는 학생을 어떻게 통제할 수 있을까요? 스마트폰에 의존하지 않고도 문제를 해결하는 방법을 배우는 것이 진짜 공부라고 생각합니다. 시대가 변했다고 해도 모든 것을 스마트폰에 의존해서는 안 됩니다.

사회자 스마트폰 사용이 학생들과 밀접한 관련이 있는 만큼 토론의 열기가 뜨겁습니다. 수업 중에도 빠르게 정보에 접근할 수 있다는 점과 학습 자료를 적극적으로 활용할 수 있다는 장점이 있는 반면, 사고력 저하, 중독 문제 등의 어려움도 간과할 수 없을 것 같습니다. 각 측의 정리 의견을 들어보겠습니다.

진수 스마트폰 사용이 늘어나면 대인관계에도 문제가 생길 수 있습니다. 쉬는 시간이나 점심시간에도 각자 스마트폰만 보면서 친구들과의 상호작용이 줄기 때문입니다. 학교는 교육의 공간이자 사회성을 기르는 공간이기도 합니다. 스마트폰의 과도한 사용은 학교의 이런 역할을 방해할 겁니다. 친구와 마주 앉아 있으면서도 스마트폰만 보거나 메신저로 다른 사람과 대화하는 경우도 많습니다. 이러다 보면 실제 대화가 줄어들 수밖에 없죠. 쉬는 시간에도 스마트폰만 보는데, 수업 시간까지 스마트폰을 사용하면 문제는 더욱 심각해질 것입니다. 이런 상황이 지속되면 사회성 발달에도 영향을 줄 수 있습니다. 스마트폰 자율 사용으로 인한 문제를 간과해서는 안 됩니다.

은우 　진수 학생이 지적한 대인관계 문제는 스마트폰을 못 쓰게 한다고 해결되는 일이 아닙니다. 학교에서 무조건 사용을 금지하면 오히려 반발심이 생기거나 몰래 사용하는 등 부작용이 생길 수 있습니다. 그뿐만 아니라 학생들이 스스로 스마트폰과 건강하게 거리를 유지하는 방법을 배우지 못할지도 모릅니다. 사용을 허용하되 규칙을 마련해 자율적으로 사용하는 문화를 조성하는 것이 바람직한 방향입니다. 학교 차원의 명확한 규칙과 지도, 학생의 책임감 있는 태도가 조화를 이룬다면 학생들은 건강한 스마트폰 사용 습관을 기를 수 있습니다.

사회자 　이번 토론을 통해 스마트폰을 단순한 방해물로만 여길 것이 아니라, 어떻게 활용하느냐에 따라 훌륭한 학습 도구가 될 수 있음을 다시 한번 생각해보는 계기가 되었습니다. 수업 중 스마트폰 사용의 장단점을 스스로 판단하고, 책임감 있게 행동하는 태도가 우리에게 남은 중요한 과제가 될 것입니다.

한 줄 요약 팩트 톡

	찬성	반대
논거	**1.** 스마트폰은 즉각적인 정보 접근과 생생한 학습 경험을 제공하는 교육 도구로, 적절한 활용이 필요하다.	**1.** 스마트폰은 사고력을 저하시키고 중독성과 집중력 분산 문제로 인해 학습에 방해가 된다.
	2. 스마트폰 사용의 문제점은 금지가 아닌 올바른 사용 교육을 통해 해결해야 하며, 정보 판단력과 자기 조절 능력을 기르는 것이 디지털 시대의 진정한 교육이다.	**2.** 스마트폰은 집중력을 저하시키고 학업 성취도를 낮추며 교사의 통제가 어려워 수업 시간 사용은 부적절하다.
	3. 스마트폰 금지는 부작용을 낳을 수 있으므로 명확한 규칙과 지도를 통해 학생 스스로 자율적이고 책임감 있게 사용하는 문화를 조성해야 한다.	**3.** 스마트폰은 학생 간 직접적인 소통을 줄여 대인관계와 사회성 발달에 악영향을 미친다.

토론 후 톡

☞ 나의 스마트폰 사용 습관 중 고치고 싶은 것은?

☞ 수업 시간에 스마트폰을 사용한다면 어떻게 활용할 수 있을까?

☞ 만약 시험을 볼 때도 스마트폰을 사용할 수 있다면 시험의 형식은 어떻게 바뀌어야 할까?

학생들의 스마트폰 소지율이 급증하면서 수업 시간 중 스마트폰 사용 문제가 교육 현장의 주요 이슈로 떠오르고 있습니다. 스마트폰이 유용한 학습 도구라는 의견과 수업 집중도를 떨어뜨리는 방해 요소라는 우려가 공존하고 있습니다.

무분별한 스마트폰 사용은 여러 문제를 초래할 수 있습니다. 수업 중 메시지 확인, 게임, SNS 사용 등으로 집중력이 저하되어 학습 효과가 떨어질 수 있으며 스마트폰에 몰두하다 보면 친구들 간 교류가 줄어들면서 대인관계에 어려움을 겪을 수 있습니다. 또한 유해 콘텐츠 노출이나 스마트폰 의존도 심화 등의 부작용이 발생할 수 있습니다.

수업 시간 스마트폰 사용을 단순히 금지 또는 허용이라는 이분법적 측면에서 생각하기보다는 수업의 목적과 상황에 따라 유연하게 적용해야 합니다. 자료 검색, 학습 퀴즈, 디지털 콘텐츠 활용 등 수업 과정에서 스마트 기기 사용이 필요할 때는 담당 교사의 지도하에 사용하는 것이 바람직합니다. 반대로 메시지 확인, SNS 접속, 게임 등 수업 진행에 방해가 될 수 있는 행위는 엄격히 제한해야 합니다. 아울러 학년별, 교과별 특성을 고려한 맞춤형 규칙을 마련하면 학생들의 수업 참여도와 규칙 수용도가 높아질 수 있습니다.

스마트폰 사용 규칙은 학생, 교사, 학부모가 함께 논의하여 결정하는 것이 바람직합니다. 특히 학생 스스로 사용 규칙을 만들어 지키는 문화를 만드는 것이 중요합니다. 특히 규칙 위반 시에 자율적으로 마련한 제재 방안 통해 자신의 행동에 대해 책임을 지도록 한다면 규칙에 대한 수용도를 높이고 디지털 시민으로서 자율성과 책임감을 키울 수 있습니다.

스마트폰 사용 제한만으로는 학생들의 디지털 역량을 키우기 어렵습니다. 따라서 학교에서는 디지털 리터러시, 사이버 윤리, 스마트폰 중독 예방 등 다양한 교육을 강화해야 합니다. 특히, 올바른 스마트폰 사용법, 유해 콘텐츠 차단, 사용 시간 관리 등에 관한 실질적인 지도가 필요합니다.

이러한 통합적 접근을 통해 학생들은 스마트폰을 교육과 삶에 도움이 되는 도구로 활용할 수 있고 디지털 시대에 필요한 역량을 발전시킬 수 있습니다. 나아가 학교 밖에서도 자율적으로 미디어를 관리하는 습관이 형성되어 평생에 걸친 학습 능력과 자기 주도성을 함께 성장시킬 수 있습니다.

시험은 우리 삶에
꼭 필요한 걸까?

야 나중에 학교 시험이 없어질 수도 있대.
알고 있음?

엥 진짜?

응 그렇대. 솔직히 난 좋다고 생각함

왜?

시험은 벼락치기로 실력 올리면
딱 그때 점수만 올라가는데
시험 없애고 스행평가나 그런 걸로 하면
훨씬 더 실력 평가가 정확하지 않음?

음.. 내 생각은 다름
시험 기간에는 뭔가 집중이 더 잘 되고
시험 아니면 진짜 내 실력을 확인할 방법이 없을 것 같음;;

아하 그 말도 맞네?
그 시험이랑 수행평가의 중간쯤 되는 거 없나? ㅋㅋㅋ

끝장 토론 배틀

사회자 요즘 학생들의 스트레스 요인에는 시험과 친구 관계가 큰 비중을 차지한다고 합니다. 친구 관계는 혼자만의 노력으로 변화를 주기 어렵지만 시험은 개인의 노력에 따라 결과가 달라집니다. 그만큼 성과에 대한 책임이 온전히 자신에게 돌아온다고 느끼기 쉽고, 이로 인해 시험은 학생들에게 더 큰 압박으로 다가오는지도 모르겠습니다. 이렇게 시험에 대한 부담이 커지면서 시험 제도에 대한 회의적인 목소리도 커지고 있는데요, 과연 현재의 시험 제도가 학생들의 역량을 키우는 데 도움이 될까 하는 의문 때문입니다. 이번 시간에는 시험을 주제로 찬반 토론을 해보겠습니다. 직접 시험을 치르는 학생들인 만큼 할 말도 많을 것 같습니다. 큰 스트레스를 주지만 한편으로는 꼭 필요한 제도라고 생각하는 의견도 있을 것 같습니다. 양측의 의견을 들어볼까요?

우진 저는 스트레스를 조금 받더라도 시험은 꼭 필요한 제도라고 생각합니다. 시험으로 인한 적절한 긴장감은 집중력을 높이는 효과가 있고, 배운 내용을 잘 이해했는지 확인하는 수단이 되기 때문입니다. 예를 들어 수학 시험을 준비하는 경우, 학생들은 다양한 문제를 풀며 대비를 합니다. 문제를 풀다가 틀리면 왜 틀렸는지 생각하면서 개념을 더 깊이 이해할 수 있습니다. 다른 과목도 비슷한 방식으로 공부하면서 이해력과 응용력을 높일 수 있습니다. 만약 시험이 없다면 스스로 복습하거나 공부 계획을 세우는 일이 어려워질 가능성이 높습니다. 시험이라는 목표가 있어야 계획을 세우고 문제를 풀고 필요한 자료를 찾아보며 주도적으로 공부하는 습관이 형성됩니다.

성용 시험을 통해 주도적인 공부 습관을 형성한다기보다는 정해진 범위를 수동적으로 따라가게 할 뿐이라고 생각합니다. 오히려 시험 때문에 공부하는 것에만 익숙해지면 스스로 학습 목표와 계획을 세워 실행하는 자발적인 학습 능력이 제대로 발달하지 못할 수 있습니다. 이러한 학습 방식은 단순히 학습 능력의 문제를 넘어 학생들의 심리 건강까지 해칩니다. 시험 준비 과정에서 겪는 심리적 압박감이 심각하기 때문입니다. 시험 날짜가 다가올수록 많은 학생이 극심한 불안에 시달립니다. 두통이나 불면증 같은 증상을 겪기도 하고 식욕 저하나 우울감으로 고통받는 학생도 많습니다. 성적이 잘 안 나온 경우에는 더욱 심해지죠. 그 결과 학업 자체에 흥미를 잃는 친구도 많습니다. 이런 현상은 학습 동기 부여라는 시험의 역할과는 정반대의 결과입니다. 오히려 학생들의 공부 의욕을 꺾는 거죠. 성장의 도구가 되어야 하는 시험이 오히려 학습 의지를 꺾는다는 문제를 잊어서는 안 됩니다.

채연 시험이 스트레스를 준다는 건 사실이지만 그 압박을 이겨내고 성장하는 학생들도 있습니다. 스트레스를 받는 것도, 그것을 이겨내고 성장할 기회를 갖는 것도 모두에게 똑같이 주어지는 환경입니다. 무엇보다 시험은 모든 학생을 동일한 조건에서 평가하는 공정한 제도입니다. 만약 시험이 없다면 평가는 평가자의 주관, 수업 참여 방식 등 외부 요인에 의해 좌우될 수밖에 없습니다. 시험은 이러한 위험을 줄이고 정확히 학습 성취도만 측정할 수 있습니다. 따라서 시험은 다른 제도에 비해 합리적이고 공정한 제도이며 꼭 필요한 제도라고 할 수 있습니다.

은석 모두가 똑같은 시험을 보니까 공정하다는 말은 현실과 매우 동떨어진 주장입니다. 모든 학생이 똑같은 환경에서 시험을 준비하는 것은 아니기 때문입니다. 현실에서는 경제 상황과 사교육이 성적에 큰 영향을 줍니다. 사교육을 많이 받은 학생과 그렇지 않은 학생이 같은 출발선에 서 있다고 말할 수 있을까요? 현재의 시험 제도는 학생들을 성적순으로 줄 세우는 도구에 지나지 않습니다. 게다가 시험은 개인의 특징이나 고유한 특성을 무시하는 제도이기도 합니다. 저마다 배우는 속도가 다르고 잘하는 영역이 다른데, 모두가 똑같은 교육을 받고 잘하는 영역이 아닌 분야에서 평가를 받아야 하니까요. 진정한 교육은 모두가 자신의 개성과 재능을 발견하도록 도와주는 것 아닐까요? 시험보다는 개인 특성을 존중하는 다양한 평가 방식으로 대체하는 것이 옳다고 생각합니다.

사회자 토론 열기가 수능 시험장처럼 뜨겁습니다. 시험이 학업 성취를 객관적으로 확인하고 주도적인 학습 습관을 기르게 하는 좋은 수단이기도 하지만 심리적 부담과 불평등, 개인적 특성을 억압한다는 문제도 가볍게 볼 수 없겠네요. 현재 교육과정에서 시험이 꼭 필요하다면 개선해야 할 점은 없는지, 반대로 시험이 필요하지 않다면 어떤 대안을 마련할 수 있을지 의견을 나눠볼까요?

은석 시험보다는 다양성과 잠재력 개발을 위한 평가 방식을 만들어야 합니다. 현재 시험은 암기 중심이고 정답을 맞히는 데 초점이 맞춰져 있습니다. 이런 방식으로는 창의성, 비판적 사고, 문제 해결력 등 다양한 영역을 개발하고 평가하기 어렵습니다. 따라서 협력 과제, 포트폴리오, 토론, 수행평가 등 다양한 방식을 도입해야 합니다. 이를 통해 학생들은 점수를 위해 공부하는 것이 아니라 스스로 흥미를 가지고 학습할 수 있습니다. 또한 시험 스트레스와 경쟁으로 인한 심리적 부담이 줄어들며 학생들의 개별적 특성을 공정하게 평가할 수 있습니다. 미래에는 이런 방식의 평가로 변환해야 학생들에게 의미있는 평가가 되리라 생각합니다.

채연 시험을 없애고 다양한 평가 방식을 도입하면 현실적으로 많은 문제가 발생합니다. 먼저 신뢰성과 객관성 확보가 어려워 큰 혼란과 불평등이 생깁니다. 또한 평가하는 교사의 부담과 비용이 증가하기 때문에 지속 가능한 방법이 아니라고 생각합니다. 반면 시험은 시행이 간편하고 객관적인 평가가 가능합니다. 학생 입장에서는 시험 날짜까지 컨디션을 관리하고 체계적으로 준비하는 일련의 경험을 통해 사회에 나가서도 꼭 필요한 역량을 기를 수 있습니다. 시험 제도가 완벽한 것은 아니지만 현실적으로 지속 가능하고 공정한 제도라고 할 수 있습니다.

사회자 양측 모두 교육의 본질과 학생들의 성장에 대한 진지한 고민을 바탕으로 설득력 있는 논거를 제시해주셨습니다. 완벽한 정답은 없겠지만 오늘 이 시간이 현재의 교육 제도를 한 번 더 깊이 생각해보는 계기가 되었기를 바라며 토론을 마무리하겠습니다.

한 줄 요약 팩트 톡

	찬성	반대
논거	**1.** 시험은 학습 내용을 점검하고 주도적 공부 습관을 형성하게 만드는 필수적인 제도이다.	**1.** 시험은 심리적 압박과 불안을 키워 학습 의욕을 꺾는 제도이다.
	2. 시험은 모든 학생에게 동일한 조건을 제공하는 가장 공정하고 객관적인 평가 제도이다.	**2.** 시험은 경제적 격차와 개인의 특성을 무시해 공정성을 해치고 획일화를 강요한다.
	3. 시험은 신뢰성과 지속 가능성을 갖춘 현실적인 평가 방식이며 사회생활에 꼭 필요한 역량을 기르는 훈련장이 된다.	**3.** 암기 중심의 시험은 창의성과 잠재력을 평가하지 못하므로 다양한 대체 평가 방식을 도입해야 한다.

토론 후 톡

☞ 시험 없는 학교에서는 학생들의 학습 성취를 어떻게 평가하면 좋을까?

☞ 시험 대신 '내가 잘할 수 있는 것'으로 성적을 매긴다면, 나는 무엇을 어떤 방식으로 준비할까?

☞ 만약 성적표 대신 학교에서 나의 성장을 보여주는 '스토리 북(Story book)'을 만들어준다면 어떤 이야기로 내 스토리 북을 채울까?

우리나라 교육 과정에서 시험은 여전히 학습 평가의 핵심을 차지하고 있습니다. 하지만 과도한 시험 스트레스와 암기 위주의 학습으로 인한 부작용이 지속적으로 제기되면서 시험 없는 학교에 대한 관심이 높아지고 있습니다. 실제로 자유 학기제, 마이폴 학교처럼 시험 제도를 벗어난 새로운 평가 방식이 등장하고 있습니다.

마이폴 학교는 충청북도 괴산에 위치한 대안교육기관으로, 자기 주도적 몰입 교육과 무학년제 개별 교육 과정을 운영하고 있습니다. 이곳에서는 학생의 관심사가 곧 커리큘럼이 되고, 학생이 스스로 학습 계획을 세우는 방식으로 잠재력과 창의성을 극대화하고 있습니다. 이 사례는 단순히 시험 없는 교육을 의미하기보다는 학생들의 성장을 평가하는 새로운 방법이 필요함을 보여줍니다.

시험 없는 학교가 실현되기 위해서는 단순히 시험을 없애는 것이 아니라 새로운 평가 방식 도입이 필요 합니다. 포트폴리오, 발표, 토론, 체험 활동 등 학생의 성장과 참여를 중심으로

한 평가가 그 대안이 될 수 있습니다.

또한, 기술의 발전이 이를 뒷받침할 수 있습니다. 서울형 미래 학교에서는 학생들의 학습 과정과 결과물을 클라우드에 기록하고 빅데이터로 분석하여 맞춤형 피드백을 제공하고 있습니다. 이런 시스템은 시험이 없이도 학생의 성장 과정을 다각도로 평가하고 개별화 교육을 실현하는 데 기여할 수 있습니다.

따라서 시험 없는 학교는 제도적 보완과 기술적 지원을 통해 충분히 실현 가능한 미래입니다. 교육의 목표가 서열이 아니라 개인의 성장을 돕는 것이라면, 우리는 좀 더 과감히 그 길을 준비해야 합니다.

**속닥속닥
TMI 톡**

우리 사촌 언니 고등학생인데 맨날 전교 1등 한다고 했잖아
근데 이번에 내신이 5등급제로 바뀌어서
좋은 대학 가기 더 힘들어졌대

5등급제가 뭔데?

원래 상위 4% 안에 들어야 1등급을 줬는데
5등급제에서는 10%까지 들어도 다 1등급을 주는 그런 거래

그럼 더 좋은 거 아니야?
더 많은 사람이 1등급 받을 수 있는 거잖아
완전 개꿀인데??

나도 그렇게 원래 생각했거든?
근데 대학교에서 신입생 뽑을 때
내신으로는 누가 진짜 최상위권 1등급인지 구분이 안 되니까
다른 부분에서 점수를 올려야 해서 오히려 더 힘들대

하긴 그렇겠네...
근데 나는 이참에 1등급을 노려볼 기회가 될 거 같아서
공부 의지가 불타오른다!
오히려 좋아ㅋㅋㅋ

**끝장
토론 배틀**

사회자 　최근 교육 현장에는 내신 등급제 개편이 중요한 이
슈로 떠오르고 있습니다. 기존 등급제에서는 시험
점수에 따라 성적을 1등급부터 9등급으로 9개로 나눴는데, 이
제는 1등급부터 5등급까지 5개로만 나누게 된 거예요. 등급제
가 개편되면서 예전에는 1등급을 받으려면 상위 4% 안에 들
어야 했는데, 이제는 상위 10% 안에만 들어도 1등급을 받을
수 있게 되었습니다. 쉽게 말해, 1등급을 받기가 더 쉬워진
거죠. 정부에서는 이번 개편을 통해 과도한 내신 경쟁을 줄이
겠다고 했는데, 실제로 현장에서는 부담이 커졌다, 오히려 경
쟁을 부추긴다는 우려의 목소리가 나오고 있습니다. 지금부
터 등급제 개편이 학생과 교육 현장에 미치는 영향, 그리고
기대 효과와 문제점에 대해 자유롭게 의견을 나눠보도록 하겠
습니다.

영우 5등급제는 성적에 대한 부담을 줄일 수 있다는 긍정적인 효과가 있습니다. 기존 9등급제에서는 1등급을 받으려면 상위 4%에 들어야 하기 때문에 한두 문제, 소수점 단위까지 신경을 써야 했습니다. 하지만 5등급제로 바뀌어 1등급 비율이 확대되면서 1점이라도 더 올리기 위해 학원, 과외에 매달릴 필요가 없어졌죠. 그 결과 학생들이 과도한 경쟁이나 압박감, 스트레스 없이 조금이라도 여유 있게 학습과 다양한 활동에 참여할 수 있게 되었다고 생각합니다.

수정 경쟁 완화라는 취지는 이해하지만, 5등급제는 현실에서 더 치열한 경쟁을 일으키는 제도입니다. 5등급제의 가장 큰 문제는 변별력 약화입니다. 기존 9등급제에서는 학생들의 미세한 성적 차이가 등급에 반영되어 드러났지만 5등급제에서는 많은 학생들이 동일한 등급으로 묶이면서, 같은 1등급 중에서도 실제 실력 차이가 큰 경우가 생깁니다. 그러면 진짜 최상위권 학생들이 구분이 안 되니 상위권 대학을 가기 위해 내신뿐만 아니라 수능 성적이나 대외 활동 점수까지 올리려는 경쟁이 더 심화될 것입니다. 결국 내신 5등급제는 경쟁 완화를 위한 게 아니라 경쟁을 더욱 심하게 만드는 제도입니다.

설아 수능을 비롯한 여러 활동 점수까지 신경 써야 한다는 점은 이해합니다. 하지만 달리 생각해보면 학생들이 시험 외의 다양한 영역에서 자신의 역량을 보여줄 기회라고 생각할 수 있습니다. 기존에는 시험 점수가 모든 것을 결정했습니다. 그런데 5등급제로 변별력 확보가 필요한 상황에서는 발표, 토론, 조별 과제 등 다양한 요소들이 반영됩니다. 즉, 학습 태도, 창의력, 협동심 같은 게 점수에 포함되면서 각자 자신있는 영역에 보다 적극적으로 참여할 가능성이 높아진 것입니다. 결국 학생들을 시험 점수로 줄을 세우는 평가가 아니라 다양한 능력이 더 인정받을 수 있는 환경이 될 것입니다.

지민 다양한 능력이 인정받는다는 건 얼핏 들으면 장점처럼 느껴지지만 현실에서는 오히려 불평등을 발생시킵니다. 예를 들어 특목고나 자사고에는 최상위권 학생들이 모여 있기 때문에 그 안에서 1등급을 받기가 매우 어려웠어요. 하지만 5등급제로 바뀌면서 특목고나 자사고에서도 1등급을 받는 학생이 많아지겠죠? 그러면 대학 입시 때 일반고에서

1등급을 받은 학생과 특목고, 자사고에서 1등급을 받은 학생이 동일한 내신 점수로 경쟁을 하게 됩니다. 그런데 특목고, 자사고 학생들은 동아리 활동, 경시대회 등 다른 활동에서도 더 많은 기회를 갖기 때문에 결국 모든 입시 과정에서 일반고 학생들에 비해 유리해집니다. 게다가 농어촌 학교나 규모가 작은 학교는 더 불리해집니다. 전교생이 적으니까 상위 10%에 해당하는 학생 수 자체가 적어서 1등급 폭이 넓어져도 등급을 받기가 어렵기 때문이죠. 결국 어떤 학교에 다니느냐 어느 지역에 사느냐에 따라 같은 등급도 의미가 완전히 달라지는 불공평한 상황이 생길 수 있습니다.

사회자 양측 모두 내신 5등급제의 영향에 대해 매우 현실적인 분석을 해주셨습니다. 각 주장을 통해 5등급제로 인한 기대 효과와 현실적 문제점이 공존함을 명확히 알 수 있었습니다. 그럼 이제 양측에서 준비한 마지막 주장을 들어볼까요?

영우 저는 5등급제가 가져올 심리적 안정감을 언급하며 마무리하겠습니다. 9등급제에서는 단 1, 2점의 작은 점수 차이로도 등급이 갈리기 때문에, 등급이 떨어질 경우 학생들은 깊은 좌절감과 실패감을 느낄 수 있습니다. 하지만 5등급제에서는 점수가 약간 하락하더라도 등급을 유지할 수 있으니 작은 점수 차이에 좌절하는 일이 사라집니다. '나는 뭘 해도 안 돼'라는 부정적인 생각 대신 '꾸준히 공부해야겠다'는 원동력이 생깁니다. 결국 5등급제는 점수 차이로 인한 상처를 줄이고 더 많은 학생이 노력의 대가를 인정받는 건강한 문화를 만드는 데 기여할 것입니다.

수정 저는 오히려 내신 5등급제가 공부를 열심히 해야겠다는 마음을 약하게 만들 것이라고 생각합니다. 5등급제에서 등급 받기가 쉬워지면 몇몇 학생들은 학습 의욕이나 동기가 떨어질 수 있습니다. 기존에는 1등급을 받기 위해 열심히 노력했던 학생들이 '이 정도만 해도 어차피 1등급이니까' 하는 생각으로 적당히 공부하게 될 가능성이 높습니다. 열심히 노력해도 등급으로 받는 보상이 부족하기 때문이죠. 특히 상위권 학생들에게는 '1등급만 받으면 됐지, 굳이 더 열심히 할 필요가 있나?'라는 생각이 퍼질 수 있습니다. 결국 5등급제는 건전한 학업 경쟁을 없애고 도전 정신을 잃게 만드는 제도가 아닐지 생각해보아야 합니다.

사회자 네, 지금까지 내신 5등급제를 둘러싼 다양한 관점들을 살펴봤습니다. 무엇보다 중요한 건 제도 자체보다는 그 제도가 학생들에게 실제로 어떤 영향을 미치는지 지속적으로 관찰하고 보완해 나가는 것입니다. 오늘 토론을 통해 우리 모두가 교육 정책을 일방적으로 받아들이기보다는 다양한 관점에서 더 깊이 생각해보는 계기가 되었기를 바랍니다.

	찬성	반대
논거	**1.** 5등급제는 과도한 경쟁과 압박, 사교육 의존도를 낮춘다.	**1.** 5등급제에서는 상위권 학생들이 같은 등급에 묶여 변별력이 약해지고 다른 평가로 인한 경쟁이 치열해진다.
	2. 시험 점수 외에도 발표, 토론, 협동심 등을 평가하는 수업 방식이 도입되어, 학생들의 종합적인 성장을 유도할 수 있다.	**2.** 특목고, 자사고와 일반고, 큰 학교와 작은 학교와 같이 학교 유형, 지역에 다른 불평등이 심화된다.
	3. 5등급제는 작은 점수 차이에 따른 박탈감을 줄여 학생들의 심리적 안정과 꾸준한 학습 동기를 높인다.	**3.** 등급을 받기 쉬워지면서 학습 의욕과 도전 정신이 약해질 수 있다.

토론 후 톡

☞ 내신 5등급제는 경쟁 완화의 방법일까 아니면 또 다른 경쟁을 만들어 낼까? 나의 생각은?

☞ 대학 입시는 점점 더 다양한 요소를 평가하는 방향으로 바뀌어 가는데, 지역, 경제력, 환경 등의 영향 없이 모든 학생이 공정하게 평가받을 수 있을까?

☞ 만약 시험 성적이 아니라 유튜브 구독자 수나 공모전 참여, 외부 활동 경험 등으로만 대학에 간다면 나에게 유리해질까?

솔루션 톡

고교 내신 등급제가 9등급제에서 5등급제로 개편되면서 교육 현장에 큰 변화가 일어나고 있습니다. 기존 9등급제에서는 단 한두 문제 차이로 등급이 갈려 학생들이 과도한 압박에 시달렸습니다. 하지만 5등급제 개편으로 인해 등급별 구간이 넓어지면서 작은 점수에 얽매이지 않고 학습과 더불어 다양한 활동에 집중할 수 있다는 기대가 커지고 있습니다.

한편 우려의 목소리도 존재합니다. 실제로 실력 차이가 큰 학생들이 같은 등급으로 묶이면서 변별력을 위한 또 다른 평가 방식이 생겨나고, 이로 인한 경쟁이 치열하다는 지적입니다.

그러나 교육의 본질은 입시나 단순한 줄 세우기가 아니라 학생의 성장과 잠재력을 키우는 데 있습니다. 그렇다면 우리가 진짜 고민해야 할 것은 등급제 자체가 아니라 이 변화를 어떻게 진정한 교육 혁신의 기회로 만들 것인지의 문제입니다. 정량적 시험에서 벗어나 논·서술형 및 과정 중심 평가를 활성화하고 이를 위한 교사의 평가 역량과 자율성을 보장하는 것이 그 해답이 될 수 있습니다.

등급제 개편은 학생의 부담을 줄이고 다양한 역량을 살리는 방향으로 운영되어야 합니다. 내신, 수능, 비교과가 균형을 이루는 대입 체계를 마련하고 지속적인 보완이 필요할 때입니다.

교과서 대신 태블릿을 사용한다면?

책 때문에 가방 ㄹㅇ무겁다
솔직히 종이책보다 태블릿이 더
공부 집중 쌉가능 아냐?

흠... 난 아닌 것 같긴 한데.
넌 왜 그렇게 생각해?

솔직히 태블릿으로는
강의 보면서 문제 풀이까지 할 수 있는데
종이책은 그런 것도 안 되고
문제 풀다가 틀리면 지우기도 귀찮잖아

맞아 그렇긴 해
근데 나는 태블릿으로 하면
눈이 너무 아프고 시력도 떨어져서 싫더라..
배터리 없어서 꺼지면 답도 없고 ㅋㅋㅋ

맞아 그런 문제가 있지 ㅋㅋㅋ
둘 다 적당히 합칠 수 있는 기계는 없나? ㅋㅋㅋ

끝장
토론 배틀

사회자 대한민국 교육부는 2025년 초등학교 3, 4학년, 중
학교 1학년, 고등학교 1학년 학생들의 수학, 영어,
정보 교과에 AI 디지털 교과서를 도입하겠다고 발표했습니다.
교육부는 이를 통해 개인 맞춤형 교육을 제공하고 미래 사회
에 필요한 능력을 기르도록 하겠다고 설명했습니다. 하지만
이러한 방침에 대해 학부모와 교사들은 디지털 중독과 문해력
저하를 우려하며 'AI 디지털 교과서 도입 반대 청원'을 올리는
등 반대의 목소리를 내고 있습니다. '태블릿 교과서' 도입 찬
반 논쟁이 계속되고 있는 가운데, 이번 시간에는 종이 교과서
대신 태블릿을 도입한 교육 환경에 대해 이야기를 나눠보겠습
니다. 교과서와 태블릿 각각의 장단점과 기대 효과를 중심으
로 다양한 관점을 나눠보고자 합니다. 자유롭게 의견을 나눠
주세요.

효섭 저는 종이 교과서 대신 태블릿을 사용하는 방식에 긍정적인 입장입니다. 여기 계신 분들 모두 교과서가 든 무거운 책가방 때문에 어깨가 아팠던 기억이 있으실 거예요. 태블릿 하나면 모든 교과서와 참고 자료를 한 번에 담을 수 있습니다. 단순히 무게만 줄어다는 것이 아니라, 태블릿의 검색 기능을 활용하면 수백 페이지의 내용 중 내가 원하는 정보를 단 몇 초 만에 찾아낼 수 있죠. 덕분에 책가방은 가벼워지고 언제 어디서든 필요한 책과 자료를 바로 꺼내 볼 수 있죠. 특히 도서관이나 서점에 가지 않아도 필요한 자료를 즉시 찾아볼 수 있습니다. 이런 편리함이야말로 우리에게 꼭 필요한 학습 환경이 아닐까요?

주아 태블릿이 종이책보다 가볍고 편리한 건 사실이지만 그 편리함이 항상 좋은 건 아닙니다. 언제든 쉽게 꺼내 볼 수 있는 만큼 학생들은 하루 종일 화면을 들여다보게 돼요. 종이책은 눈에 부담을 주지 않지만, 태블릿에서 나오는 블루라이트는 눈에 직접적인 자극을 줍니다. 그러다 보면 눈이 쉽게 피로해지고 안구건조증이나 근시가 심해질 수 있습니다. 눈 건강은 한번 잃으면 회복이 매우 어렵거나 불가능하니다. 또한, 작은 화면에 집중하느라 구부정한 자세를 유지하게 되면 거북목 증후군이나 척추 측만증 같은 신체적 변형을 초래할 위험도 큽니다. 편리함 때문에 건강 문제를 만들면 안 되지 않을까요?

윤서 시력 저하나 거북목은 올바른 사용법과 휴식으로 충분히 예방할 수 있습니다. 우리가 주목해야 할 점은 태블릿이 제공하는 새로운 학습 경험입니다. 동영상이나 애니메이션, 다양한 어플리케이션을 활용해 복잡한 개념을 쉽게 이해할 수 있습니다. 예를 들어 과학 시간에는 태양계의 움직임, 달의 변화, 화산 폭발 과정이나 혈액순환 같은 개념을 배울 때, 텍스트로 읽는 것보다 3D 시뮬레이션으로 직접 조작하며 관찰하는 것이 훨씬 이해가 빠릅니다. 수학 시간에도 실시간으로 수치를 바꿔가며 그래프나 도형의 변화를 확인하는 입체적인 학습이 가능합니다. 이렇듯 태블릿은 시각적, 체험적 학습 효과가 높은 유용한 도구입니다.

하율 태블릿이 멀티미디어 학습 효과가 뛰어나다는 점은 인정합니다. 하지만 학생들의 집중력을 빼앗는 원인이 되기도 합니다. 태블릿에는 학습 기능과 책만 들어있는 게 아닙니다. SNS, 게임, 유튜브 같은 다양한 기능이 너무 많습니다. 선생님이 앞에서 수업을 하셔도 화면 아래로 다른 창을 띄워 몰래 딴짓을 하는 학생들을 일일이 통제하기란 현실적으로 불가능에 가깝습니다. 반면 하지만 종이 교과서는 다른 어떠한 기능도 없이 오로지 학습 내용만 담고 있습니다. 천천히 한 문장, 한 문장 깊이 생각할 기회를 가질 수 있고 이렇게 읽은 내용은 기억에 오래 남습니다. 태블릿은 어떤가요? 편리함 뒤에 숨어있는 많은 유혹들이 진정한 학습을 방해하지 않을까요?

사회자 찬성 측에서는 휴대성과 접근성, 그리고 멀티미디어를 통한 학습 경험을 강조했고 반대 측에서는 건강 문제와 집중력 저하를 우려했네요. 분명 일리 있는 주장입니다. 마지막으로 각 측의 핵심 메시지를 한 번 더 전달해 주시기 바랍니다. 먼저 찬성 측 발언부터 들어볼까요?

효섭 시선을 좀 더 넓혀보겠습니다. 인간은 현재 기후 변화와 환경 파괴라는 심각한 문제에 직면해있습니다.

태블릿을 사용하면 교과서를 인쇄하는데 필요한 나무, 잉크 그리고 운송 과정에서 발생하는 자원을 아낄 수 있습니다. 이는 지구 환경 보호에 기여하는 일이기도 합니다. 또한 경제적 효과도 빼놓을 수 없습니다. 매년 새 교과서를 구입할 필요도 없고 교과서가 바뀌거나 개정되어도 새 책을 살 필요가 없으니 장기적으로 비용을 절약할 수 있습니다. 이처럼 태블릿 교과서 도입은 환경과 경제적 이익을 위한 현명한 선택입니다.

주아 저는 마지막으로 태블릿 사용이 모든 학생에게 공평한 교육 기회를 제공할 수 없다는 점을 강조하고 싶습니다. 모든 학생이 고가의 최신 태블릿을 자유롭게 사용할 수 있는 환경은 아니기 때문입니다. 기기 구매 비용은 물론, 통신 환경이나 수리 비용까지 생각하면 경제적 여건에 따라 학습의 질이 달라지는 불공평한 상황이 발생할 것입니다. 종이 교과서는 모든 학생들에게 평등한 출발선을 제공하지만, 태블릿은 기기의 성능과 환경에 따라 교육의 기회를 다르게 제공할 위험이 큽니다. 모두가 소외되지 않는 평등한 교육을 지향한다면, 태블릿은 결코 최선의 방법이 될 수 없습니다.

（**사회자**） 열띤 토론 잘 들었습니다. 태블릿 사용은 단순히 종이책을 대체하자는 문제가 아니라 학생들에게 진정으로 도움이 되는 학습 환경에 대해 생각해보도록 만드는 것 같네요. 어쩌면 우리가 고민해야 할 것은, '무엇을 사용하느냐'보다는, '어떻게 학생들의 성장을 돕는 최적의 환경을 만드느냐'일 것입니다. 오늘 나눈 소중한 이야기들이 우리 교육의 미래를 건강하고 풍요롭게 만드는 밑거름이 되기를 바랍니다. 서로 다른 가치가 충돌하는 지점에서 더 나은 합의점을 찾을 수 있을 것입니다. 이상으로 오늘의 토론을 마치겠습니다.

한 줄 요약 팩트 톡

	찬성	반대
논거	**1.** 태블릿 하나에 모든 교재를 담아 언제 어디서든 편리하게 학습할 수 있다.	**1.** 태블릿 장시간 사용은 건강에 심각한 부작용을 일으킨다.
	2. 동영상, 어플리케이션 등 멀티미디어 학습으로 복잡한 개념을 쉽게 이해할 수 있다.	**2.** 다양한 콘텐츠의 유혹으로 인해 집중력이 떨어질 수 있다.
	3. 종이와 자원을 절약해 환경을 보호하고 장기적으로 교과서 구입 비용을 절약할 수 있다.	**3.** 고가의 기기 구매가 어려운 학생들에게 교육 불평등을 심화시킬 수 있다.

토론 후 톡

☞ 태블릿 사용으로 정말 환경을 보호할 수 있을까?

☞ 태블릿 동영상으로 빠르게 공부하기 vs 종이책으로 천천히 공부하기 중에서 나에게 맞는 학습 방법은 어느 쪽일까?

☞ 20년 후 사회에서 요구하는 핵심 역량은 무엇일까? 손글씨나 종이책 읽기 능력도 여전히 중요한 역량일까?

태블릿을 비롯한 디지털 학습 도구는 미래 교육 환경에서 중요한 역할을 할 수 있습니다. 개인의 수준과 흥미에 맞춘 맞춤형 콘텐츠, 실시간 상호작용, 자료 검색 기능 등은 기존 종이 교과서에서는 이용할 수 없는 큰 장점입니다. 멀티미디어를 활용하는 수업은 학습의 흥미와 몰입도를 높일 뿐만 아니라 정보 활용 능력, 디지털 리터러시, 원격 소통 역량 등 미래 사회에 필요한 핵심 자질을 기르는 데 효과적입니다.

그러나 태블릿 사용에는 한계와 부정적 영향도 있습니다. 장시간 화면 노출은 시력 저하, 자세 불량, 수면 장애 등을 일으킬 수 있으며 직접 필기의 효과가 줄어들면서 기억력, 집중력, 비판적 사고력 등의 발달이 약화될 수 있습니다. 이를 보완하기 위해서는 자기 주도 학습 습관 지도, 교사와 부모의 지속적 상담과 관리 방안이 함께 마련되어야 합니다.

결국 미래 교육의 핵심은 디지털과 아날로그의 균형 잡힌 융합에 있습니다. 교육 당국과 학교는 현장 목소리를 충분히 반영하며 학생 건강과 인성 발달까지 고려한 종합적인 관리책을 제시해야 합니다. 동시에 사회 계층과 지역 간 정보 격차 해소를 위한 지원도 지속적으로 확대해야 합니다. 모든 학생이 공정하고 안전하게 학습 역량과 성장 가능성을 실현할 수 있도록, 교육 당국, 학교, 교사, 학부모 모두가 함께 지혜롭고 책임감 있는 결정을 내려야 할 것입니다.

속닥속닥
TMI 톡

<   Q ≡

하은이는 화장을 진짜 잘하는 거 같음
아침에 시간이 되나? 어떻게 화장까지 하고 오지?
너는 가능해?

> 나는 틴트 정도는 바르긴 해
> 근데 난 애초에 화장을 하는 게별로 좋다고 생각하진 않아

왜? 나는 기본적으로 자신을 좀 가꾸고
꾸며야 된다고 생각해ㅋㅋ
그리고 화장하면 스트레스도 풀려!

> 아 그건 인정
> 근데 피부에 진짜 안 좋을 거 같아
> 그리고 어제 유튜브에서 누가 아이라인 그리다가
> 동공에 잘못 칠해서 진짜 기겁했어ㅋㅋㅋㅋ

아 나도 봤어 그거ㅋㅋㅋ

> 성인이 되어서는 하기 싫어도 해야 할 텐데
> 피부 좋게 유지했다가 그때 해도 나쁘지 않을 거 같음

근데 그때부터 하면 실력이 부족할 거 같아
학생 때부터 연습한다고 생각하면 되지 않나?

끝장
토론 배틀

사회자 K-뷰티가 세계적으로 주목을 받으면서 화장은 하나의 문화로 자리 잡았습니다. 유튜브, SNS 등에서 활동하는 뷰티 크리에이터를 비롯한 다양한 매체의 영향으로 메이크업 문화가 청소년들에게도 쉽게 접근할 수 있는 콘텐츠가 되었습니다. 개성을 중시하는 세대인 만큼 화장을 개인의 자유이자 문화로 생각하는 측면이 있는가 하면 여전히 '학생다움'을 주장하며 학생들의 화장을 금지해야 한다는 목소리도 있습니다. 이번 시간에는 '10대 화장, 허용해야 하는가?'라는 주제로 이야기를 나눠보겠습니다. 양측의 다양한 의견이 기대됩니다.

예인 저는 화장이 단순히 외모 꾸미기가 아니라 자기표현의 방식이라고 생각합니다. 청소년기는 자신의 정체성을 탐구하고 개성과 진로, 취향을 찾아가는 시기입니다. 이 시기에 화장은 학생들이 자신만의 색깔을 찾고 표현하는 자연스러운 방법 중 하나입니다. 나아가 각자 자신에게 맞는 다양한 스타일을 시도하면서 창의성을 기르고 예술적 감각까지 발달시킬 수 있습니다. 이렇게 학생의 삶에서 자기표현과 정체성 탐구의 기회가 될 수 있는 화장을 규제해서는 안 된다고 생각합니다.

지애 좋은 말씀입니다. 하지만 학생들이 적극적으로 화장을 하게 되면서 발생하는 부작용도 무시할 수 없습니다. 학업보다 외모에 더 많은 시간과 관심을 쏟게 만들 수 있기 때문입니다. 화장을 하기 위해 고가의 화장품을 구매하고 유튜브에서 메이크업 영상을 찾아보며 공부할 시간을 빼앗길 위험이 있죠. 수업 중에도 거울을 보며 화장을 고치거나 화장 상태를 신경 쓰느라 집중도가 떨어질 수 있습니다. 화장이 개성 표현의 방식이 될 수 있다는 의견에는 동의하지만 방과후나 주말, 개인 시간에 하는 것이 옳습니다. 학교에서는 학습에 전념해야 합니다. 학생의 본분은 학습이고 화장이 그걸 방해해서는 안 됩니다.

미주 물론 부작용도 존재하지만 저는 화장의 긍정적인 측면을 강조하고 싶습니다. 사춘기에는 외모에 대해 민감하게 생각하는 시기이기 때문에 피부 트러블이나 다크서클과 같은 부분을 화장으로 가릴 수 있으면 심리적 안정감을 얻는 데 도움이 됩니다. 학생들은 화장을 통해 외모에 대한 불안감을 해소하고 자신의 모습을 자신 있게 드러낼 수 있게 됩니다. 이런 변화는 교우 관계에도 긍정적인 영향을 미쳐, 관계에서 자신감이 생기고 학교생활 전반에서 더 적극적으로 임할 수 있게 합니다. 결국 화장은 학생들에게 심리적 안정과 자존감 향상, 긍정적인 학교생활에 주요한 역할을 한다고 볼 수 있습니다.

수정 화장으로 외모 불안을 해소하는 것은 임시방편이고 장기적인 관점에서 굉장히 위험한 생각입니다. 화장에 의존하게 되면 학생들은 자신의 원래 모습에 대한 자신감을 더욱 잃고 화장을 하지 않은 자기 모습을 부정적으로 인식하게 될 위험이 큽니다. 또한 자신의 가치를 외모로만 평가하게 만들고 이것은 나중에 더 큰 불안을 일으킬지도 모릅니다. 내면의 성장을 통해 자신감, 자존감을 쌓아나가야 하는

시기에 외모에 치중한다면 건강하지 못한 자존감을 형성하게
될 수 있습니다.

사회자 지금까지 양측에서 다양한 논점이 제시되었습니다.
찬성 측에서는 자아 표현과 개성, 자신감 향상의 중
요성을 강조했고, 반대 측에서는 학업 집중도 저하와 잘못된
자존감 형성에 대한 우려를 제기했습니다. 두 입장 모두 학생
들의 건강한 성장을 바라는 마음에서 나온 주장이라는 점에서
의미가 깊습니다. 그럼 이제 각 측에서는 마지막 발언을 통해
입장을 정리해주시기 바랍니다.

예인 화장은 학생들에게 사회적 기술과 자기 관리 능력
을 기르는 좋은 기회를 제공합니다. 화장을 하면
서 자연스럽게 피부 상태를 확인하고 관리하는 습관이 생깁니
다. 클렌징이나 모공 관리처럼 기본적이고 일상적인 청결, 위
생 습관을 익힐 수 있습니다. 이런 과정에서 자신에게 맞는 제
품과 성분을 찾아보고 피부 건강을 고민하며 정보를 찾게 됩
니다. 더불어 화장법을 배우는 과정에서 공식적인 자리, 면접
등에서 단정하고 깔끔한 인상을 주는 방법을 연습할 수 있습

니다. 성인이 되어서도 필요한 사회적 매너와 자기표현, 자기 관리 역량을 미리 쌓을 수 있습니다. 화장은 자신의 이미지를 어떻게 관리하고 외부에 드러낼지 고민하며 책임감 있게 자신을 관리하는 습관을 길러주는 중요한 문화적 학습 도구라고 생각합니다.

지애 저는 마지막으로 10대 청소년의 무분별한 화장 허용이 가져올 경제적 문제에 대해 말씀드리고 싶습니다. 학교에서 화장이 자유로워지면 학생들은 당연히 화장품을 구매하게 될 텐데 이는 상당한 경제적 부담을 안겨줄 것입니다. 어느 브랜드 화장품을 사용하는지, 얼마나 좋고 비싼 제품을 쓰는지를 서로 비교하며 위화감이나 서열이 생길 수도 있습니다. 경제적 여건이 좋지 않은 학생들은 상대적 박탈감을 느낄 수 있고 이는 차별과 소외로 이어질 위험이 큽니다. 학업에 집중해야 할 시기에 과도한 소비와 외모 비교가 습관화되는 것은 바람직한 현상이 아닙니다. 따라서 청소년 화장은 신중히 고려할 문제이며 엄격히 제한되어야 합니다.

사회자 양측 모두 화장에 대한 긍정적 경험과 부작용까지 다양한 면을 짚어주셨습니다. 10대 청소년의 화장 문제를 단순히 허용과 규제로만 생각할 것이 아니라, 학생의 자기표현과 학교 문화, 건강 및 교육 환경을 균형 있고 조화롭게 발전시킬 수 있도록 지속적인 논의가 이어지기를 바랍니다.

	찬성	반대
논거	1. 화장은 청소년의 개성 표현과 정체성 탐구를 돕는 자기표현 방식이다.	1. 화장은 학생들이 학업보다 외모에 치중하게 만들어 학습 집중도를 떨어뜨린다.
	2. 화장은 자신감과 자존감을 높이고 학교생활 전반에 긍정적인 영향을 준다.	2. 화장은 외모 의존도를 강화해 건강하지 못한 자존감을 형성할 위험이 있다.
	3. 화장은 자기 관리 습관과 사회적 기술을 길러주는 문화적 학습 도구다.	3. 화장은 경제적 부담과 소비주의를 조장해 위화감과 차별로 이어질 수 있다.

토론 후 톡

☞ 화장이 진짜 나를 표현하는 방법일까? 다른 방법은 없을까?

☞ 어른들이 종종 '너희 나이에는 꾸미지 않아도 예쁘다'는 말을 하는데 이 말의 진짜 의미가 무엇일까?

☞ 메이크업 마스터 vs 노메이크업 자신감 기르기, 둘 중 어느 쪽을 더 빨리 달성할 수 있을까?

학생 화장은 단순히 외모 꾸미기를 넘어 개인 취향과 자기 표현의 형태로 볼 수 있습니다. 서울, 경기 등 여러 지역의 학생인권조례에는 '복장, 두발 등 용모에 있어 개성을 실현할 권리'가 명시되어 있기도 합니다. 따라서 학생이 주체적으로 자신의 외모를 관리할 자유를 인정하고 화장을 통한 자기표현을 성장 과정의 자연스러운 단계로 받아들일 필요가 있습니다.

그러나 무분별한 화장 허용은 다양한 부작용을 발생시킬 우려가 있습니다. 학업에 집중해야 할 시기에 과도한 외모 경쟁이 발생할 수 있고 피부 건강 문제나 경제적 부담이 뒤따를 수 있기 때문입니다. 그렇기에 중요한 점은 학생들의 개성을 존중하면서도 학습권과 건강권을 균형 있게 보장하는 것입니다. 이를 위해 학칙 개정이나 학생인권위원회 운영 등을 통해 공정하고 일관된 기준을 마련해야 합니다.

또한 학생 화장 문제는 학교 내부의 규제나 허용 차원을 넘어 사회적 차원에서 고민해야 할 지점이 있습니다. 미디어와 아이돌 문화, 화장품 산업이 청소년에게 끼치는 영향은 무엇인지, 그리고 청소년이 사용하는 화장품에 대한 안전기준이나 인증제 도입 같은 제도가 충분한지 되묻는 것입니다. 아울러 학교는 학생들이 올바른 화장법과 피부 관리 방법을 배우며 안전하게 개성을 표현할 수 있도록 실질적인 교육을 병행해야 합니다.

결국 학생 화장 문제는 허용, 금지의 문제가 아니라 청소년의 건강한 자기표현 환경을 조성하기 위한 사회 전체의 과제입니다.

학생들은 남친, 여친 금지!

야 너 같은 학교 다니는 애랑 사귈 수 있음?

ㄴㄴ 절대 안 됨
신경 쓰여서 공부도 잘 안 될 거 같고
헤어지고 난 다음엔 어떡해

근데 난 오히려 잘 보이고 싶어서
학업이나 생활 태도 같은 거 더 열심히 할 거 같음
실망 안 시키고 싶달까?

흠 그럴 수도 있긴 하네

그리고 헤어지면 어쩔 수 없긴 하지만
오히려 자기 발전할 수 있는 기회가
생기는 거 같기도 해

소문은 어떻게 할 건데?
친구들도 불편해할 텐데

그런 시선은 신경 안 쓰고 지내면 되는 거 아님?ㅋㅋㅋ

그게 되겠어???

**끝장
토론 배틀**

사회자 학교를 배경으로 펼쳐지는 풋풋한 사랑, 왠지 영화
나 드라마 속 주인공이 된 듯한 기분이 들게 합니다.
그런데 이런 풋풋한 첫사랑이 때로는 씁쓸한 문제를 일으키기
도 합니다. 이로 인해 '교내 연애 금지'라는 규칙까지 검토하는
학교도 있다고 하죠. 한쪽에서는 '공부하는 곳에서 연애가 웬
말이냐'라며 엄격한 규제를 주장하고, 다른 한쪽에서는 '연애
도 소중한 성장 과정이다'라며 반박합니다. 이번 시간에는 이
미묘하고 아슬아슬한 논쟁의 중심에 서 보도록 하겠습니다.
학생들의 연애, 꼭 금지해야 하는 걸까요? 서로의 입장을 존
중하면서도 예리한 논리를 펼쳐보는 시간을 가져보겠습니다.

주은 사랑은 인간의 자연스러운 감정이자 성장 과정의 일
부입니다. 사춘기 시절의 설렘과 애틋함은 인간으

로서 거쳐야 할 필수적인 감정 발달 단계입니다. 이 시기에 경험하는 감정, 소통 방법, 갈등 해결 과정은 모두 성인이 된 후 건강한 인간관계의 토대가 됩니다. 또한, 학생들은 연애를 통해 감정을 조절하는 법을 배우며 타인을 존중하는 마음을 기를 수 있습니다. 따라서 연애를 무조건 금지하는 것은 성장 과정의 일부를 인위적으로 차단하는 것과 같습니다.

지연 연애가 성장 과정의 일부라는 점은 인정합니다. 그러나 학교는 학생들이 미래를 준비하는 공간인 만큼 학업에 적합한 환경을 조성할 책임을 가지고 있습니다. 따라서 감정적 에너지를 많이 요구하는 연애로 인해 학생들의 학습 집중도가 떨어진다면, 학교는 이를 최소화할 수 있는 환경을 마련해야 합니다. 연애는 감정 소모를 크게 만들 뿐만 아니라 데이트 준비, 연락, 외모 관리 등으로 인해 학습에 할애할 시간이 줄어들게 만듭니다. 특히 청소년기의 미숙한 감정 조절로 인해 이별이나 갈등 상황에서 극심한 스트레스를 받을 수 있고, 만약 이런 상황이 시험 기간과 겹친다면 성적에도 악영향을 미칠 수밖에 없습니다. 따라서 학교는 학생들의 학습과 교육 환경을 우선시하여 학교 내 연애를 적절히 제한하는 것이 필요합니다.

유진

그런 논리라면 친구를 사귀는 것부터 금지해야 하지 않을까요? 친구 사이에서도 감정 에너지를 소모할 일이 생기니까요. 청소년은 감정이 없는 기계가 아닙니다. 자신의 마음을 누구에게 주고 누구와 어떤 관계를 맺을지 선택할 권리가 있습니다. 학교가 학생들의 사적 감정까지 통제하려 한다면 인격을 침해하는 행위가 아닐까요? 아무런 설명이나 교육없이 금지하는 것은 역효과를 낳을 수 있습니다. 학생들은 이성 친구를 몰래 만나게 될 것이고 이는 불건전한 방향으로 흘러갈 위험을 높입니다. 따라서 억압보다는 학교라는 안전한 공간에서 건전한 연애 문화를 조성하는 것이 현실적이고 바람직한 접근이라고 생각합니다.

영우

개인의 감정과 권리도 중요하지만, 학교는 수백 명의 학생이 함께 생활하는 공간입니다. 공용 공간에서는 다른 구성원들을 배려하는 것이 무엇보다 중요합니다. 연애 관계가 형성되면 질투와 경쟁, 소문 등으로 학급 분위기를 해칠 수 있습니다. 특히 스킨십이나 과도한 애정 표현은 교실 분위기를 어수선하게 만들 수 있습니다. 연애 당사자들은 자신만의 세계에 빠져 있지만 그들의 행동이 다른 학생들의 정서적 안정과 환경에 미치는 영향은 적지 않습니다. 따라서 건전한 학교 분위기를 위해 개인의 연애보다는 조화와 질서를 우선시해야 합니다.

사회자 양측 모두 각자의 관점에서 학생 연애와 관련된 중요한 시각들을 논리적으로 말씀해주셨습니다. 학생 인권과 자유, 자기 결정권을 존중하는 동시에 학업과 학교 질서를 위해 고민해야 하는 복합적인 문제임을 다시금 확인할 수 있었습니다. 이어서 이 문제에 대한 추가 의견을 들어보겠습니다.

주은 학교에서 연애를 허용하는 것은 새로운 교육의 기회가 될 수 있습니다. 연애는 단순한 감정 교류를 넘어 교과서에서는 배울 수 없는 갈등, 책임감, 배려 등을 경험하는 기회입니다. 학교에서는 이 상황을 적극적으로 활용하여 건전한 관계 형성 방법, 상대방에 대한 존중, 성에 대한 올바른 인식 등을 가르친다면 효과적인 인성교육이 될 것입니다. 이론적인 수업보다 현실에서 느끼는 감정과 책임감이 더 큰 교육적 가치를 제공할 수 있습니다. 따라서 연애를 금지 대상이 아니라 교육의 기회로 인식하고 학생들이 올바른 사랑을 배워갈 수 있도록 하는 것이 진정한 교육이라고 생각합니다.

지연   교육 기회라는 명분은 좋습니다. 하지만 미숙한 연애에는 위험이 따릅니다. 학교가 모든 위험을 파악하고 교육하기에는 한계가 있습니다. 특히 성적인 문제는 교육만으로는 완전히 예방하기 어렵습니다. 청소년기 연애는 필연적으로 성적 호기심과 욕구를 동반합니다. 아무리 건전한 관계를 한다 해도 청소년기의 미숙한 감정과 판단은 그들을 예상치 못한 방향으로 데려갈 가능성이 높습니다. 학교에서 시작된 연애가 성적 관계로 발전하면 미성년자인 학생이 스스로 감당하기 어려운 문제에 직면할 수도 있습니다. 이런 문제가 발생하면 당사자는 물론 가족과 학교 전체에 큰 충격과 혼란을 가져오게 됩니다. 학교는 학생들의 안전과 건전한 성장을 책임져야 하는 교육 기관입니다. 위험한 상황 자체를 만들지 않는 것이 확실한 보호 방법이라고 생각합니다.

**사회자** 이번 토론을 통해 학생 연애에 관한 다양한 관점과 고민을 나눌 수 있었습니다. 찬성 측에서는 연애를 교육의 기회라고 보는 관점을, 반대 측에서는 성적 위험 노출에 대한 문제를 제시하며 마무리 해주셨습니다. 학생 연애는 단순히 허용하거나 금지할 문제가 아니라 건강한 관계를 배우고 성장할 수 있는 환경을 만들기 위한 중요한 과제일 것입니다. 오늘 토론이 10대 청소년의 연애를 보다 성숙한 문화로 만들어가는 출발점이 되기를 바라며 토론을 마치겠습니다.

	찬성	반대
논거	**1**. 연애는 청소년기의 자연스러운 성장 과정으로, 감정, 배려, 소통 능력을 배우는 필수 경험이다.	**1**. 연애는 감정적 소모가 커서 학업 집중과 성취도를 떨어뜨릴 위험이 있다.
	2. 연애 금지는 학생들의 기본적 자율성과 권리 침해이며 오히려 은밀하고 불건전한 만남을 부추길 수 있다.	**2**. 질투, 소문, 과도한 애정 표현 등으로 질서와 분위기를 해칠 수 있다.
	3. 연애는 교과서로는 배울 수 없는 인성 교육의 기회로 활용될 수 있다.	**3**. 청소년 연애는 성적 위험으로 이어질 수 있어 학생 보호를 위해 근본적으로 제한하는 것이 옳다.

토론 후 톡

☞ 청소년기의 연애 경험이 성인이 된 뒤 인간관계 형성에 어떤 영향을 줄까?

☞ 만약 연애 감정 자체를 on/off 할 수 있는 스위치가 있다면 학생 시절에는 꺼두는 것이 좋을까?

☞ 내가 담임 선생님인 상황에서, 학부모가 "우리 아이가 연애를 하는 바람에 성적이 떨어졌다"며 항의할 경우 어떻게 대응해야 할까?

솔루션 톡

학생도 한 사람으로서 감정을 표현하고 사랑할 권리가 있습니다. 그러나 일부 학교에서는 연애를 금지하거나 처벌하려는 시도가 이어지고 있습니다. 이는 학생의 인권과 자기 결정권을 침해할 뿐 아니라 연애를 '문제 상황'으로만 보는 편협한 시각을 드러냅니다. 학교가 해야 할 일은 억압이 아니라 학생이 자신의 감정을 건강하게 표현할 수 있도록 지원하는 것입니다.

일방적인 연애 금지나 과도한 처벌은 학생들의 반발과 불신을 키울 수 있습니다. 학생의 자율성과 책임을 존중하면서 연애에 대한 올바른 이해를 돕는 교육이 필요합니다. 성교육, 인간관계 교육, 감정 조절법, 책임감 교육 등을 통해 학생들이 건강하게 연애를 경험할 수 있도록 안내한다면 문제는 줄어들고 배움의 기회는 넓어질 것입니다.

연애 문제는 학교만의 몫이 아니라 가정과 사회가 함께 고민해야 할 과제이기도 합니다. 학부모와 교사가 학생의 감정을 존중하고 갈등 상황에서 도움을 청할 수 있는 신뢰받는 창구가 되어야 합니다. 벌점, 전학, 퇴학 등 불필요한 규제 대신 공공장소에서의 예절과 상호 존중 같은 실질적 기준을 마련하는 것이 현실적입니다. 학생이 연애와 학업의 균형을 조절할 수 있도록 시간 관리와 자기 주도 학습 역량을 길러주는 지도 또한 필요합니다.

결국 연애는 단순히 통제해야 할 위험 요소가 아니라 인간관계, 감정, 책임감을 배우는 중요한 성장 과정입니다. 학교는 연애를 문제로 여기기보다 학생의 인성과 성장을 위한 소중한 교육적 기회로 삼아야 합니다.

2장

사회와 제도

노약자석을 없애버리면 어떨까?

"우리 매장은 어린이 손님을 받지 않습니다"

청소년도 죄를 지으면 감옥에 보내자!

청소년기 성형수술 이득일까? 손해일까?

살인자의 이름과 주소를 공개하라!

사형 제도 유지 VS 폐지

콜라를 마실 거면 세금을 두 배로 내라고?

지하철 노약자석, 정말 필요한 걸까?

어제 학원 끝나고 집 가는데
빈자리가 노약자석밖에 없어서
30분 서서 왔더니 ㄹㅇ 피곤해ㅠ
노약자석 이거 꼭 있어야 하나?

그래도 있긴 있어야 함
그거라도 없으면 노인분들이 양보를 못 받아
할머니 할아버지들 자리 없어서
서 계시는 거 엄청 많이 봤어

그런 경우도 있긴 한데
솔직히 그냥 일반 자리에서도
할머니 할아버지한테 자리 양보하는 사람도 많고
반대로 노약자석에 그냥 일반 사람들도 많이 앉아서
실용성 떨어지는 거 같음
앉으면 괜히 눈치만 보이고

음... 니 생각도 맞음
차라리 그런 자리 없애고
양보를 잘하자는 교육을 하는 게 더 나을지도?

**끝장
토론 배틀**

사회자 교통 약자를 배려를 배려하기 위해 대중교통에 마
련된 노약자석이, 최근 갈등의 공간으로 전락했습
니다. 신체 약자, 교통 약자의 안전을 보장하는 필수 요소라
는 의견과 세대 갈등, 이용률 문제, 공간 효율성 등 다양한 부
작용과 혼란을 유발한다는 주장이 대립하고 있습니다. 이번
토론에서는 대중교통 노약자석의 필요성과 운영으로 인한 사
회적 문제에 대해 다양한 이야기를 나누고자 합니다. 배려하
기 위해 마련된 자리가 왜 논란이 되었는지, 모두가 안전하고
배려받는 대중교통 문화를 만들기 위해 어떤 노력이 필요한지
다양한 의견을 나누는 시간을 가져보겠습니다.

하서 현재 운영되고 있는 노약자석에는 문제가 많습니
다. 노약자석이 별도로 지정되면서 일반 승객들은

'노약자석이 아닌 곳에는 자유롭게 앉아도 돼'라고 생각하는 경향이 생겼습니다. 이로 인해 노약자석을 비워두는 것만으로 교통 약자를 위한 배려가 끝났다고 여기고, 정작 몸이 불편한 분이 앞에 서 있어도 외면하는 상황이 자주 발생합니다. 즉, 약자를 위한 배려가 노약자석에만 한정된 것이죠. 배려하고 양보하는 문화가 오히려 사라지고 있는 것 같습니다. 결국 노약자석 제도가 사회 전체적으로 배려심을 사라지게 만드는 문화를 조성하고 있는 것은 아닐지 생각해봐야 합니다.

재민 　노약자석이 지정된 덕분에 생기는 장점도 생각해야 해요. 특히 갑작스러운 흔들림이나 급정차 시, 신체적으로 취약한 분들을 위해 지정된 좌석은 생명줄이나 다름없는 안전장치입니다. 덕분에 초기 임산부나 티가 나지 않는 환자처럼 겉으로 보기에는 건강해 보이지만 실제로는 몸이 불편한 사람도 편안히 대중교통을 이용할 수 있습니다. 노약자석 지정 제도는 다양한 상황의 약자를 보호하고 안전하게 이동할 수 있게 해주는 중요한 수단입니다. 실제로 이 제도가 있기 때문에 많은 사람이 안전하게 대중교통을 이용할 수 있고 교통 약자도 평등하게 일상생활을 유지할 기회를 얻는다고 생각합니다.

정국

노약자석이 '노인 전용석'으로 인식되면서 젊은 교통 약자가 이 자리를 사용하면 오해와 비난을 받고 심지어 양보를 강요당하는 일도 발생한다는 걸 알고 계신가요? 이런 상황은 젊은 세대와 노년 세대 간에 불필요한 스트레스와 대립을 만들고 있어요. 겉으로는 건강해 보이지만 실제로는 몸이 불편한 젊은 교통 약자는 몸이 아픈데도 노인이 아니기 때문에 노약자석에 앉을 때 눈치를 보게 되거나 왜 앉았는지 설명해야 할 것만 같은 부담을 느낄지도 모릅니다. 노약자석은 노인석이 아닌데 그런 인식이 강해져 다른 약자들은 편히 이용하기 어려운 게 현실입니다.

정인

사람들이 노약자석을 노인 전용석으로 잘못 인식한다고 해서 노약자석 자체가 잘못된 제도라고 말할 수는 없습니다. 잘못된 인식은 노약자석이라는 제도의 문제가 아니라 사회 인식의 문제이기 때문입니다. 제도를 없애기보다는 '노약자석은 모두를 위한 배려의 시작'이라는 점을 교육과 홍보를 통해 지속적으로 알려야 합니다. 안내 문구를 더 명확히 하거나 캠페인을 통해 시민들의 이해를 확산시키는 것이 근본적인 해결책입니다. 좌석을 없앤다고 갈등이 사라지는 것이 아니라, 오히려 최소한의 배려마저 사라질 위험에 놓이게 됩니다.

사회자 노약자석 제도의 필요성과 현실적인 문제점에 대해 깊이 있는 의견을 들을 수 있었습니다. 노약자석 문제는 단순한 좌석 지정의 문제가 아니라 세대 간 이해와 배려, 그리고 약자에 대한 존중이라는 사회 문화와도 밀접하게 연결된 사안이네요. 이제 이 사안과 관련된 양측의 마지막 의견을 들어보겠습니다.

하서 마지막으로 대중교통은 모두가 동일한 요금을 지불하고 이용하는 공공 서비스라는 점을 강조하고 싶습니다. 모두가 똑같이 돈을 내고 이용하는 시설에서 노약자석 제도로 특정 집단에게만 좌석이 확보된다는 건 차별의 한 종류가 아닐까요? 젊고 건강해 보인다는 이유로 교통비를 내고도 앉지 못 하거나 눈치를 봐야 하는 상황이 되니까요. 교통약자를 배려해야 한다는 취지는 당연히 공감합니다. 하지만 특정 좌석을 고정적으로 묶어놓는 강요된 시스템이 아니라, 타인의 어려움을 보고 스스로 돕고싶다는 마음에서 시작되어야 합니다.

재민 저는 노약자석 제도가 경제적 관점에서 매우 효율적인 정책임을 말씀드리고 싶습니다. 배려석을 설치하고 운영하는 데 드는 비용은 크지 않습니다. 그 말은, 적은 비용으로 교통 약자가 안전하게 이동할 수 있고 넘어지거나 사고를 당했을 때 발생하는 막대한 의료비를 절감하는 효과도 있다는 뜻이죠. 또한 교통 약자가 편리하게 이동할 수 있을 때 경제 활동 기회도 크게 늘어납니다. 많은 사람이 경제 활동에 참여하게 되면, 개인의 이익을 넘어 사회 전체의 생산성 향상으로 이어질 수 있습니다. 적은 비용으로 약자를 보호하고 모두가 이익을 얻는 구조이기에 노약자석은 유지되어야 합니다. 이것은 단순한 복지를 넘어 사회의 안전과 경제적 효율성을 모두 잡는 현명한 선택입니다.

사회자 오늘 주제는 노약자석 제도가 단순히 좌석 하나의 문제가 아니라, 교통 약자에 대한 배려 방식에 대한 문제임을 느낄 수 있는 토론이었습니다. 제도와 문화, 인식이 함께 바뀌어야 모두가 안전하고 편안한 대중교통이 가능하다는 점을 느낄 수 있었습니다. 이번 토론이 제도의 타당성을 논하는 데서 나아가, 사회적 공간에서의 배려가 어떻게 이루어져야 하는지까지 고민해보는 계기가 되기를 바랍니다.

한 줄 요약 팩트 톡

	찬성	반대
논거	1. 노약자석은 겉으로 드러나지 않는 교통 약자까지 보호하며 이동권을 보장한다.	1. 노약자석은 배려 문화를 특정 좌석에만 한정시켜 오히려 배려심을 약화시킨다.
	2. 노약자석을 '노인 전용석'이라고 보는 인식은 제도 폐지보다는 시민들의 인식과 문화 개선을 통해 해결해야 한다.	2. '노인 전용석'이라는 인식으로 인해 젊은 교통 약자는 불이익과 갈등을 겪는다.
	3. 노약자석은 적은 비용으로 큰 경제적 효과를 내는 효율적인 제도다.	3. 특정 집단만 좌석을 보장받는 것은 불공정하며 해당 제도를 폐지하고 자발적 배려 문화를 정착시켜야 한다.

토론 후 톡

☞ 노약자석 지정이 필요하다면 운영방법을 어떻게 바꾸면 좋을까?

☞ 노약자석을 없앤다면 대안으로 제시할 방법은?

☞ 만약 내가 교통 약자라면, 노약자석이 있는 것과 없는 것 중에서 어떤 쪽이 편하게 느껴질까?

솔루션 톡

대중교통에 마련된 노약자석은 교통 약자를 배려하기 위해 마련된 제도이지만 그 취지가 제대로 지켜지지 못하고 있다는 지적이 나오고 있습니다.

노약자석을 폐지해야 한다는 측에서는 배려 문화 약화, 세대 갈등 조장, 역차별 문제를 제기하고 있습니다. 반대로 노약자석을 유지해야 한다는 측에서는 임산부의 안전, 고령자의 이동권, 보이지 않는 불편함을 가진 사람들의 접근성 보장 등을 바탕으로 인간의 기본적 권리와 존엄을 보장받아야 한다고 주장합니다.

교통 약자 문제는 제도 자체가 아니라 사회적 인식에 있습니다. 특히 노약자석을 '노인 전용석'으로 오해하고 자발적 배려가 줄어드는 현상은 인식의 부족에서 비롯된 현상입니다. 즉 '어떻게 하면 자발적으로 배려하는 문화가 정착된 성숙한 사회를 만들 것인가'가 근본적인 질문이 되어야 합니다.

그렇다면 어떻게 배려 문화를 정착시킬 수 있을까요? 먼저 대중교통 내 안내 방송과 표지판을 개선하여 '노약자석은 모든 교통 약자를 위한 공간'임을 명확히 해야 합니다. 또한, 학교와 지역사회에서 교통 예절 교육을 강화하고 보이지 않는 장애나 질병을 가진 사람들을 위한 배려 배지나 카드를 도입하는 것도 좋은 방법입니다. 나아가 혼잡 시간대에는 노약자석 외 일반 좌석에서도 자발적 양보가 이루어질 수 있도록 긍정적 사례를 공유하고 캠페인을 전개하는 것도 필요합니다. 이러한 다층적 접근을 통해 제도와 문화가 함께 발전할 수 있습니다.

노약자석에 관한 논의는 단순히 제도의 존폐를 넘어 사회적 성찰의 기회가 될 수 있습니다. 지금 우리 사회에 필요한 것은 폐지 논란이 아니라 모두가 책임감을 가지고 인식을 개선하며 배려 문화를 실천하는 구체적인 행동입니다.

**속닥속닥
TMI 톡**

너 노키즈존이라고 들어봤어?

> 알지. 노키즈존 무조건 있어야 함

왜?

> 공공장소에서 진짜 도를 넘을 정도로
> 시끄러운 애들이 있거든?
> 근데 부모님들이 말리지를 않아
> 그렇다고 내가 말릴 수도 없고ㅋㅋ
> 그런 상황을 피하고 싶으면 노키즈존을 가는 게 맞지

맞아 그런데 부작용도 생길 거 같아
노키즈존이 많으니까 부모님들은
아이들이 자유롭게 행동할 수 있는 장소에만 갈 거 아냐
그러면 애들은 '아 밖에 나오면 내 마음대로 해도 되는 구나'
이런 식으로 생각하게 되면 어떡해;
그리고 저출산 문제도 있는데 노키즈존까지 많아지면
아이들 놀 곳이 사라져버리는 느낌적인 느낌

> 오... 그럴싸한 이유인데?

**끝장
토론 배틀**

사회자 여러분, 혹시 노키즈존(No Kids Zone)이라는 말을 들어보셨나요? 노키즈존은 '어린이의 입장을 제한하는 공간'을 뜻하는 단어로, 조용하고 쾌적한 공간 이용을 위해 꼭 필요하다는 입장과 어린이의 권리를 빼앗는 차별이라는 의견으로 나뉘어 충돌을 일으키고 있습니다. 이번 시간에는 노키즈존을 주제로 다양한 관점에서 이야기를 나눠보겠습니다. 노키즈존이 왜 사회적인 이슈가 되는지, 모두가 이해할 수 있는 바람직한 방안은 무엇일지 자유롭게 의견을 나눠주시기 바랍니다.

효섭 노키즈존은 어린이를 '소음과 말썽을 일으키는 존재'로 규정지어 차별하는 제도입니다. 나이에 따른 편견일 뿐만 아니라 어린이의 존엄성을 훼손하는 부적절한 문화입니다. 어른들도 소음을 일으키고 질서를 어지럽히는 경우가 있는데도, '노 어덜트 존(No Adult Zone)'이 필요하다는 말은 나오지 않습니다. 이는 특정 연령을 문제 행동의 주체로 지정하고 일방적으로 배제하는 차별의 형태라고 할 수 있습니다. 노키즈존은 반드시 사라져야 할 차별 제도입니다.

수호   노키즈존이 필요한 이유가 분명히 있습니다. 모든 어린이가 그런 것은 아니지만, 일부 아동이 공공장소에서 무분별하게 행동하면 식당, 카페, 호텔 등에서 발생하는 소란, 기물 파손, 위생 문제 때문에 업주가 운영에 어려움을 겪게 됩니다. 이로 인해 다른 손님들의 불만이 쌓이고 만족도가 떨어지면 영업장 전체의 평판과 수익에 악영향을 줄 수 있습니다. 다른 손님들이 공간을 쾌적하게 이용할 권리도 무시할 수 없습니다. 따라서 노키즈존은 업주의 경영권을 보장하고 손님에게 쾌적한 환경을 제공하기 위한 합리적인 운영 방침입니다.

주은   말씀하신대로 노키즈존이 안정적인 영업에 도움이 될 수 있을지도 모릅니다. 하지만 소란이나 위생 문제는 어린이가 아니라 모든 이용자가 일으킬 수 있어요. 따라서 나이로 출입을 제한하는 것은 합리적인 해결책이 아닙니다. 무엇보다, 노키즈존은 육아 가정을 사회로부터 고립시킬 우려가 있습니다. 노키즈존이 확대되면 아이를 키우는 부모들은 외식, 문화 등 일상적으로 이용할 수 있는 공간이 줄어듭니다. 이것은 단순히 불편한 정도가 아니라 외출할 기회를 잃고 고립감이 들게 만들 수 있습니다. 물론 다른 손님들이 조용하고 쾌적하게 이용하는 것도 중요하지만 다양한 연령층이 어울려 살아가는 사회에서 노키즈존은 형평성에 어긋나는 조치라고 생각합니다.

이서 노키즈존이 부모를 사회적으로 고립시킨다는 것은 과장된 주장인 것 같습니다. 실제로 많은 육아 가정이 아동 친화적인 다양한 제도와 공간에서 사회 활동을 하고 있습니다. 몇몇 영업장에서는 패밀리존을 마련해 가족 친화적인 공간을 제공하고 있기도 합니다. 저는 노키즈존이 모두를 위한 안전장치라는 점에 주목하고 싶습니다. 일반 영업장은 아이들에게 예상치 못한 위험 요소들이 있을 수 있기 때문인데요, 예를 들어 뜨거운 음식을 들고 이동하는 직원과 어린이가 부딪히거나 유리잔, 도자기 그릇 등이 깨져 다치는 사고가 일어날 수 있습니다. 좁은 통로나 테이블의 날카로운 모서리, 미끄러운 바닥 등은 활발한 아이들에게는 특히 위험합니다. 영업장에서는 사고가 발생하면 책임을 져야 하기 때문에 안전한 운영 방침을 마련해야 합니다. 이런 경우 노키즈존은 사고를 방지하고 안전을 확보하여 어린이와 업주 모두를 보호하는 방법일 수 있습니다.

사회자 양측 모두 설득력 있는 다양한 근거를 펼쳐주셨습니다. 노키즈존 반대 입장에서는 아동에 대한 차별 문제와 육아 가정의 사회적 고립을, 찬성 측에서는 업주의 경영권과 안전사고 예방을 강조했습니다. 이제 마지막으로 각자 가장 핵심적인 메시지를 들어볼까요? 아울러 우리 사회가 나아가야 할 방향에 대한 의견도 간결하게 정리해 주시기 바랍니다.

효섭 노키즈존은 단순한 출입 제한을 넘어 어린이의 사회성 발달을 방해할 수도 있습니다. 어린이는 식당이나 카페 같은 공공장소에서 어른들과 어우러져 사회적 규범과 예절을 배워요. 하지만 노키즈존이 확산되면 이런 학습 기회가 줄어들고 중요한 사회화 과정을 경험하지 못합니다. 나아가 '어린이는 공공장소에서 시끄럽게 말썽을 부리는 존재'라는 부정적인 사회 인식을 심어줄 우려도 있어요. 사회는 어린이를 분리하거나 격리하는 방식이 아니라 함께 어울리며 배려를 가르치는 방향으로 나아가야 합니다. 따라서 노키즈존은 사라지고 어린이를 배려하고 포용하는 문화가 자리 잡아야만 합니다.

수호 노키즈존을 차별이라고 바라보는 시각도 이해할 수 있지만, 다른 관점에서 볼 여지도 있습니다. 가게마다 추구하는 분위기와 운영 방식이 다르며, 이에 맞는 고객층을 선택하는 것은 흔히 사용되는 마케팅 전략입니다. 아이와 부모를 환영하는 '웰컴 키즈 존(Welcom Kids Zone)'이나 '키즈 카페'도 있잖아요. 이런 방식처럼 어른들이 조용하게 이용할 수 있는 공간을 운영하고자 하는 영업 방식도 있을 수 있습니다. 노키즈존은 어린이를 격리하고 분리하자는 의미가 아니라 일정한 수요를 충족시키려는 전략이라고 생각할 수 있어요. 즉, 서비스의 한 형태라는 거죠. 따라서 노키즈존을 무조건 차별로만 생각하는 것은 과한 생각이며 운영 전략 중 하나라고 볼 수 있습니다.

사회자 네 분 모두 설득력 있는 주장을 해주셨습니다. 이번 토론을 통해 노키즈존이 아동과 가족의 권리 보호는 물론 업주와 다른 이용자들의 편의와 안전을 고려하는 복잡한 사회 문제임을 깊이 있게 논의할 수 있었습니다. 서로 다른 입장과 경험이 충돌하는 만큼 다양한 집단의 목소리를 존중하며 상호 이해와 배려를 바탕으로 균형 있는 해법을 찾아가는 노력이 필요할 것입니다. 오늘 논의가 모두가 공감할 수 있는 공존의 방향을 모색하는 데 의미 있는 밑거름이 되길 기대합니다.

	찬성	반대
논거	**1.** 일부 아동의 행동으로 인한 소란, 안전 문제를 예방하여 업주의 경영권과 다른 손님의 쾌적한 이용을 보장한다.	**1.** 노키즈존은 어린이를 '소음의 원인'으로 낙인찍는 차별이다.
	2. 노키즈존은 아동으로 인한 예측 불가능한 사고가 발생할 가능성을 예방하고 모두의 안전을 지키는 장치이다.	**2.** 부모와 아이가 이용할 공간을 줄여 육아 가정을 사회로부터 고립시킬 수 있다.
	3. 노키즈존은 일정한 수요를 반영한 마케팅 전략으로, 특정 고객층을 위한 서비스의 형태로 볼 수 있다.	**3.** 어린이의 사회적 규범 학습 기회를 박탈하여 바람직한 사회 구성원으로의 성장을 방해한다.

토론 후 톡

☞ 만약 내가 카페의 사장님이라면 노키즈존으로 운영할까? 웰컴 키즈 존으로 운영할까? 그 이유는?

☞ 공공장소를 자유롭게 이용할 어린이의 권리와 다른 사람들의 쾌적한 이용권, 어떤 게 우선일까?

☞ 부모님 세대에는 왜 노키즈존 같은 게 없었을까? 사회가 변해서일까? 사람이 변해서일까?

솔루션 톡

　노키즈존은 우리 주변에서 흔히 볼 수 있습니다. 카페나 음식점, 공공시설에서 '만 13세 이하 어린이 출입 불가'와 같은 문구가 붙어 있는 것을 흔하게 볼 수 있죠. 이러한 영업 방침에 대해 한쪽에서는 조용하고 안전한 공간을 보장받을 권리라고 강조하지만 다른 쪽에서는 어린이라는 이유로 배제하는 것은 차별이라고 주장합니다. 이 문제는 영업 방침이나 선택을 넘어 우리 사회가 지향해야 할 가치와 연결됩니다.

　노키즈존은 소란과 사고를 막는 해법처럼 보일 수 있지만 특정 연령의 입장 자체를 제한하는 방식으로, 그다지 합리적인 방법이 아닙니다. 문제가 되는 것은 어린이라는 존재 자체가 아니라 타인에게 피해를 주는 '행동'이기 때문입니다. 따라서 특정 연령 집단 전체를 '잠재적 문제 발생자'로 규정하고 출입을 막는 것은 차별의 형태로 생각할 수 있습니다.

　이 현상을 해결하는 방안은 배제가 아닌 균형입니다. 부모는 자녀에게 공공장소 예절을 가르치는 책임을 다하고 정부와 지자체는 문제 상황 발생 시 업주의 과도한 책임을 덜어주는 실질적인 제도를 마련해야 합니다. 나아가 아동 차별을 엄격하게 금지하며 아동 친화 인증 업소와 같은 장치를 마련해 모두가 공존할 수 있는 기반을 세워야 합니다. 노키즈존은 갈등의 상징이 아니라 포용과 배려의 사회를 향해 우리가 나아가야 할 과제를 던지고 있습니다.

청소년도 죄를 지었으면 감옥에 가야 한다!

너 촉법소년이 뭔지 알지

아 그 어린 애들이 죄지으면 벌 안 받는 거?

응. 근데 솔직히 애들도 성인이랑 똑같이 처벌해야 하는 거 아님?

어째서?
성인이랑 청소년이 감당할 수 있는 정도가 다르잖아
근데 똑같이 처벌하면 어떡해

근데 저지른 범행을 보면 성인이 한 거랑 똑같잖아
그런데도 약하게 처벌하는 건 좀 안 맞지 않나?

흠... 그렇게 생각할 수 있겠네
그래도 애들한테는 기회를 좀 줘야 한다고 생각해
반성할 기회를 한 번이라도 줘야지
걔 인생은 어떡해

그럼 피해자들 입장은?
가만히 있다가 당한 피해자들은 억울하잖아

하 그 말도 맞네... 현명한 방법 없나?

끝장
토론 배틀

사회자　뉴스를 보면 충격적인 청소년 범죄가 심심찮게 보도됩니다. 중학생이 조직적으로 강도를 계획하고 고등학생이 성범죄를 저지르고도 "미성년자라 괜찮다"며 당당하게 말하는 경우를 본 적이 있을 거예요. 특히 촉법소년 제도와 같은 소년법의 허점을 노려 범죄를 저지르고 같은 범행을 반복하는 악순환이 계속되고 있습니다. 그런 청소년들로부터 피해를 입은 사람들은 어떤 심정일까요? 모든 피해에 대해 '그래, 아직 청소년이니까'라며 너른 마음으로 이해해줄 수 있을까요? 이번 토론에서는 청소년 범죄 문제에 대한 처벌 제도의 필요성을 주제로 다양한 의견을 나눠보겠습니다. 청소년 범죄 처벌 수위와 교정 방향이 왜 현재 우리 사회에서 논란이 되는지, 더 효과적인 예방과 해결 방법은 무엇인지 자유롭게 이야기해주시기 바랍니다.

진실 청소년이 저지른 범죄를 성인과 똑같이 처벌해서는 안 됩니다. 청소년은 아직 정신적으로 미성숙한 단계에 있기 때문에 성인처럼 상황을 판단하고 감정을 조절하기 어려운 경우가 많습니다. 인격이 완전히 형성되지 않은 상태에서 저지른 잘못을 성인과 똑같은 기준으로 엄격하게 처벌하는 것은 발달 단계의 차이를 무시하는 것이라고 생각합니다. 청소년 범죄에 필요한 것은 강한 처벌이 아니라 올바른 방향으로 다시 나아갈 수 있도록 돕는 교육입니다. 사회는 청소년이 저지른 잘못을 바로잡을 기회를 제공해야 합니다.

하나 그 논리는 현실을 제대로 반영하지 못하고 있습니다. 요즘 청소년들은 과거와 달리 신체적, 인지적 발달이 빠르고 범죄 수법 또한 정교해져 더 이상 미성숙하다는 이유로 관대한 처벌을 적용하기 어렵습니다. 또한, 범죄를 저지르는 청소년들은 촉법소년 제도를 악용해서 일부러 더 잔인하고 계획적인 범죄를 저지르기도 합니다. 법의 허점을 이용해 처벌을 피하려는 모습을 보이기도 합니다. '어차피 미성년자라서 처벌 안 받는다'며 당당하게 범죄를 계획하는 모습을 미성숙하다고 설명할 수 있을까요? 범죄로 인해 피해자가 받는 고통은 가해자의 나이와 상관이 없습니다. 피해자와 피해자 가족이 겪을 고통을 생각해보면 가해자가 어리고 성숙하지 않다는 이유로 솜방망이 처벌을 하는 건 부당한 일입니다. 따라서 청소년 범죄 역시 성인 범죄와 같은 수준에서 처벌해야 합니다.

성우

성인과 동일한 수준의 처벌의 공정성은 강조할 수 있겠지만 장기적 관점에서는 우리 사회에 더 큰 손실을 가져올 수 있습니다. 청소년기는 인격 형성의 시기이기 때문에 충분한 교육과 상담을 통한 교정 가능성이 성인보다 훨씬 높습니다. 청소년을 '범죄자'로 낙인찍어 학교, 사회에서 영구적으로 차별과 소외를 경험하게 하면 자포자기하는 심리가 커집니다. 그러면 죄를 뉘우치고 사회 구성원이 되려는 희망을 잃고, 결국 재범을 저지르거나 더 위험한 범죄에 빠질 가능성이 높아집니다. 사회의 역할은 청소년에게 낙인을 찍는 것이 아니라 올바른 선택을 할 수 있도록 기회를 제공하는 것입니다.

리아

모든 청소년이 교정 가능하다고 보는 관점은 지나치게 낙관적인 가정입니다. 또한, '처벌보다는 교정이 우선이다'라며 처벌을 완화하면 오히려 자신의 행동에 대한 책임 의식을 제대로 배우지 못할 위험이 있죠. 요즘 청소년들은 스마트폰과 인터넷을 통해 다양한 정보를 쉽게 찾을 수 있기 때문에 범죄 행위에 대한 인식이 충분합니다. 특히 살인, 성범죄, 강도 같은 행위가 잔인하고 중대한 범죄임을 정확히 알고 있으면서도 실행에 옮기는 것입니다. 현대 청소년의 발달 수준을 고려하여 처벌도 현실에 맞게 조정해야 합니다.

사회자 양측에서 치열한 논쟁을 펼쳐주셨습니다. 반대 측에서는 청소년의 미성숙함과 교정 가능성을, 찬성 측에서는 현대 청소년들의 성숙화와 피해자의 권리를 강조해주셨습니다. '전통적인 미성년자 보호 논리 vs 현실적 청소년 실태'라는 핵심 쟁점이 명확하게 드러났네요. 이제 양측의 마지막 의견을 들어볼까요?

하나 마지막으로 가장 중요한 점을 말씀드리겠습니다. 현재의 관대한 처벌은 청소년들에게 범죄에 대한 경각심을 약화시키고 일종의 '미성년자의 특권'이라는 잘못된 인식을 심어주고 있습니다. 실제로 '미성년자면 처벌 안 받는다'

라고 생각하는 청소년이 존재하기도 합니다. 엄격한 처벌을 통해 범죄를 계획하고 있는 청소년들에게 강력한 억제 효과를 제공해야 합니다. 범죄가 일어난 다음에 처리할 것이 아니라 사전에 경각심을 주어 예방하는 것이 효과적입니다. 이를 위해서는 가해자의 나이와 관계없이 동일한 무게로 처벌해야 합니다. 청소년이라는 이유로 봐주는 것은 더 큰 범죄를 부르고 무고한 시민들을 위험에 빠뜨리는 일입니다.

진실 청소년 범죄를 성인과 똑같이 처벌해서는 안 되는 중요한 이유는 범죄가 단순히 개인의 선택에 의해서만 일어나는 것이 아니기 때문입니다. 많은 경우 청소년 범죄는 부모의 방치, 경제적 어려움, 학교 폭력, 교우 관계와 같은 환경적 문제와 연결되어 있습니다. 이런 상황을 고려하지 않고 개인에게만 전적으로 책임을 지도록 하는 것은 근본적인 해결책이 아닙니다. 학교나 지역사회에서 교육과 지원을 받지 못하면 청소년들은 성장 과정에서 잘못된 길로 빠질 위험이 더 커집니다. 사회와 국가는 청소년에게 관심을 가지고 올바른 길로 나아갈 수 있도록 도울 의무가 있습니다. 처벌만 강화하는 것은 단순히 가장 쉬운 방법을 선택하는 것일 뿐입니다.

환경을 개선하고 교육과 지원을 강화하는 것이 청소년 범죄를 근본적으로 줄이는 방법입니다.

(사회자) 이번 토론을 통해 청소년 범죄의 처벌 방향에 대한 깊이 있는 논의가 이루어졌습니다. 청소년의 삶과 범죄 예방, 그리고 사회의 안전을 위해 어떤 제도가 가장 효과적인지 가정, 학교, 지역사회에서 할 수 있는 것은 무엇인지 여러 관점에서 지속적인 토론과 고민이 필요하겠습니다. 오늘 논의된 내용들이 단순한 토론을 넘어 청소년과 우리 사회의 미래를 바꾸는 실질적 변화로 이어지길 기대합니다.

	찬성	반대
논거	**1**. 청소년은 신체적, 정신적으로 미성숙한 시기이므로 발달 단계를 고려하여 성인과 다른 기준을 마련해야 한다.	**1**. 촉법소년 제도를 악용한 계획적 범죄가 늘고 있어 피해자 보호와 권리를 위해 성인과 동일한 처벌이 필요하다.
	2. 청소년기는 인격 형성 시기로 교정 가능성이 높으며 낙인 효과보다는 교육과 상담을 통한 사회 복귀가 효과적이다.	**2**. 현대 청소년은 조기 성숙과 높은 인지 능력으로 판단 능력이 충분하기 때문에 현실에 맞는 처벌 기준이 필요하다.
	3. 청소년 범죄는 가정환경, 경제적 어려움 등 환경적 요인과 연결되므로 처벌 강화보다는 교육과 지원이 근본적 해결책이다.	**3**. 관대한 처벌은 '미성년자의 특권'이라는 인식을 심어주어 범죄 억제력을 약화시키므로 엄정한 처벌을 통해 예방해야 한다.

토론 후 톡

☞ 피해자의 권리 보호와 청소년의 성장 가능성 중 어느 쪽을 더 우선해야 할까?

☞ 청소년 범죄를 줄이기 위해 사회가 제공해야 하는 지원은 어떤 것이 있을까?

☞ 만약 '청소년 범죄 처벌'을 국민 투표로 정한다면 10대/20대/30대/40대 이상에서 각각 어떤 결과가 나올까? 그 이유는?

현대의 청소년 범죄 문제는 단순히 처벌 강화만으로 해결할 수 없는 복합적인 문제입니다. 청소년기의 미성숙함과 변화 가능성을 인정하면서 피해자의 권리, 형평성, 사회 안전이라는 공익 요소를 함께 실현할 수 있는 균형 잡힌 접근이 필요하기 때문입니다.

가장 중요한 것은 범죄 및 재범 예방입니다. 가정, 학교, 지역사회가 협력해 체계적인 상담, 심리치료, 인성 교육 등 다양한 프로그램을 운영해야 합니다. 청소년의 미성숙함과 교정 가능성을 고려할 때 생활 환경 개선과 사회적 보호망 구축 등을 통해 범죄 행위에 노출될 위험을 줄이고 올바른 가치관을 키울 수 있도록 지속적인 지원 또한 필요합니다.

동시에 반복적이고 조직적인 중대 범죄에 대해서는 법적 책임을 분명히 할 수 있도록 소년법 적용 기준을 합리적으로 조정해야 합니다. 현대 청소년의 조기 성숙과 소년법 악용 문제를 고려할 때, 피해자의 인권 보장과 사회적 형평성 실현을 우선하는 차등적 처분 체계가 마련되어야 합니다. 또한 소년원과 보호시설에서 교화, 교육 프로그램을 마련해 청소년의 성장과 변화 기회를 확보하고 사후 관리 시스템을 구축해 지속적인 사회 적응을 지원해야 합니다.

결국 범죄 예방과 청소년의 건강한 성장을 위한 사회적 연대와 포용 문화가 뿌리내릴 수 있도록 모든 구성원이 함께하는 지속적이고 적극적인 노력이 필수입니다.

청소년기 성형수술
이득일까? 손해일까?

<   Q ≡

3반 조윤서 방학 때 쌍수 했대. 봤어?

봤어. 나는 솔직히 성형 같은 걸 왜 하는지 모르겠어.

왜? 나도 지금 할까 생각 중인데
외모에 콤플렉스 있으면 하는 게 맞지

근데 학생 때는 아직 다 성장하지 않은 상태라
크면서 어떤 부작용이 올지 모르잖아
커서 어떻게 변할지도 모르는데
미리 수술을 해버리는 건 좀 그래
성인되고 하는 게 좋을 거 같음

근데 학교 다니는 내내 외모 때문에
스트레스 받을 바에는
가벼운 성형은 하는 게 더 이득일 거 같아
더 이상 외모 때문에 신경 안 써도 되잖아

그 말도 맞네
오히려 학교 생활에 더 집중할 수도 있을 거 같고
뭐가 맞을까?

끝장 토론 배틀

사회자 외모도 하나의 '스펙'이라고 불릴 만큼 중요한 시대입니다. 성형수술을 했다는 사실을 숨기고 부끄러워하던 시절에서, 성형 사실을 당당하게 밝히는 것이 자신감 있는 태도로 인식되는 시대로 변화했습니다. 이러한 변화는 10대 청소년들에게도 영향을 주었습니다. 성형수술을 더욱 자연스럽게 받아들이고 개성 표현이자 자기 관리의 영역으로 인지하도록 하는 바탕이 되었습니다. 하지만 성장기에 있는 10대가 성형이라는 물리적 교정을 통해 신체에 변화를 주는 것은 신중히 고민해야 할 사안입니다. 여러 부작용과 중독, 그릇된 가치관 형성 등의 우려가 있기 때문입니다. 오늘 토론에서는 10대 성형수술의 득과 실을 주제로 함께 이야기 나눠보겠습니다.

아라 10대 청소년은 신체 성장과 골격 변화가 활발하게 진행되는 시기입니다. 이때 성형수술을 받으면 성장 과정에서 얼굴이나 신체 형태가 변해 성인이 되었을 때 외모가 달라질 가능성이 높습니다. 특히 코 수술이나 턱 교정처럼 뼈 구조에 직접 관여하는 수술은 보형물 위치 이상, 얼굴 비대칭, 신경 손상같은 부작용이 발생할 수 있습니다. 피부 상태나 근육도 성장 과정에서 변하기 때문에 쌍꺼풀이 풀리거나 눈 모양이 부자연스러워지고 흉터가 악화되는 등 미용적 불만족이 생기기 쉽습니다. 이로 인해 여러 차례 재수술이나 복구 치료를 해야 할 수도 있고 심리적, 경제적 부담이 커질 수 있습니다. 단순히 외모 만족을 이유로 여러 위험을 감수하는 것은 현명한 판단이 아닙니다.

유진 요즘은 의료 기술이 많이 발달하였고 성장 진단 시스템이 개발되면서 10대의 성장 상태와 골격 변화를 예측할 수 있게 되었습니다. 전문의와 충분한 상담을 통해 부작용을 최소화하면서 안전하게 수술을 할 수 있게 되었죠. 오히려 10대 청소년들은 신진대사가 활발하고 회복력이 뛰어나 수술 후 회복이 성인보다 훨씬 빠르다는 장점이 있습니다. 전문 의료진의 판단과 관리하에서는 10대 성형수술도 충분히 안전하고 효과적인 선택이 될 수 있습니다.

중호 성형은 회복이 빠르다는 이유만으로 감행할 만큼 가벼운 결정이 아닙니다. 아직 가치관이 명확히 확립되지 않은 10대는 충동적이고 성급하게 성형을 결정할 가능성이 있습니다. 특히 SNS와 미디어에 등장하는 연예인, 인플루언서들의 외모와 자신을 비교하면서 생긴 열등감으로 인해 성형을 결정할 수 있습니다. 성인이 되면서 가치관이 변하고 시간이 지나면 신경도 쓰지 않을 콤플렉스를 성형으로 해결하려 했던 시도에 대해 후회할 수도 있습니다. 게다가 수술이 잘 되면 다행이지만 만약 작은 흉터나 미세한 비대칭이라도 생긴다면 엄청난 스트레스에 시달리고 자기 비하와 우울감으로 정신건강을 해칠 수도 있습니다. 따라서 10대 성형은 신체적 위험뿐 아니라 심리적 위험까지 동반하는 위험한 결정입니다.

윤정 저는 반대로 생각합니다. 성형수술로 외모 콤플렉스를 극복하고 자신감을 회복하면 학교생활에도 적극적으로 참여하게 될 거라고 생각합니다. 타인의 시선을 덜

의식하고 자신감이 생기며 자신에 대한 긍정적인 인식을 쌓을 수 있습니다. 그뿐만 아니라 외모에 대한 고민이 줄어들면 학업이나 진로 탐색처럼 더 중요한 활동에 집중할 수 있습니다. 이런 변화는 단순히 겉모습을 개선하는 게 아니라 청소년기의 정서 안정에도 도움이 됩니다. 자존감이 높아진 학생들은 새로운 도전을 할 용기와 활력을 얻습니다. 따라서 성형수술은 청소년이 더 건강하고 자신감 있는 모습으로 성장하는 데 기여할 수 있습니다.

사회자 10대 성형수술에 대한 치열하고 흥미로운 논쟁 잘 들었습니다. 득과 실, 그리고 가치관과 자존감에 미치는 영향까지 다양한 관점에서 논의가 이어지고 있는데요. 이제 각 팀의 마지막 생각을 정리해보겠습니다. 먼저 반대 측의 최종 발언을 들어볼까요?

중호 마지막으로 저는 성형수술의 가장 심각한 문제를 지적하고 싶습니다. 10대 성형수술은 개성을 잃고 외모지상주의로 빠지게 만드는 결과를 초래합니다. 수많은 10대가 연예인 같은 외모를 추구하며 개성을 잃고 있습니다. 사회가 정해놓은 미적 기준에 스스로를 맞추다가 자신을 잃어버리는 거죠. 이런 성형 문화는 '외모가 곧 능력'이라는 잘못된 가치관을 심어줄 수 있습니다. 내면 성장이나 실력 개발보다 외적 변화로 문제를 해결하려는 성향이 생길 수도 있습니다. 결국 10대 성형수술은 개성을 없애고 외모지상주의를 부추기는 손실이 큰 선택입니다.

유진　외모 지상주의와 같은 부정적인 측면만 이야기하며 현실을 외면할 수는 없습니다. 외모는 이미 현대 사회의 중요한 경쟁력으로 자리 잡았습니다. 외적인 매력을 개발하면 진로 선택이나 취업, 사회생활 전반에서 도움이 되는 게 사실입니다. 특히 연예인이나 방송 관련 직업을 꿈꾸는 학생들에게 외모 관리는 필수 요소입니다. 10대 때 과하지 않은 성형수술로 자신감을 얻고 경쟁력을 확보하면 미래에 더 많은 기회와 선택권이 주어질 수 있습니다. 외모 콤플렉스로 인해 위축되었던 성격이 성형을 통해 개선되면 자신의 진짜 개성과 능력을 발휘할 수 있지 않을까요? 결국 10대 성형수술은 미래를 위한 전략적인 투자라고 생각합니다.

사회자 이번 토론을 통해 10대 성형수술에 대해 다양한 시각과 깊이 있는 의견을 나눌 수 있었습니다. 청소년의 신체적, 정신적 성숙과 콤플렉스 해소를 통한 자신감 회복이라는 두 축이 균형을 이루어야 함을 다시 한번 확인했습니다. 오늘 토론이 여러분 각자의 상황에서도 깊이 생각해볼 소중한 시간이 되었기를 바랍니다.

한 줄 요약 팩트 톡

	찬성	반대
논거	**1.** 의료 기술 발달과 빠른 회복력으로, 10대도 안전하게 성형수술을 받을 수 있다.	**1.** 성장기 신체는 변화가 커 수술 결과가 변형되거나 부작용으로 이어질 위험이 크다.
	2. 외모 콤플렉스를 해결하면 자존감이 높아져 학업, 대인관계에 더욱 집중할 수 있다.	**2.** 정서적으로 미성숙한 10대는 충동적 결정으로 인한 후회, 스트레스, 우울감에 빠질 가능성이 높다.
	3. 현대 사회에서 외모는 경쟁력이므로 성형은 미래 기회와 선택지를 넓히는 전략적 투자다.	**3.** 성형은 개성을 잃게 하고 외모지상주의를 강화해 잘못된 가치관을 심어줄 수 있다.

토론 후 톡

☞ 외모가 달라진다면 내 삶의 어떤 점이 달라질까?

☞ 만약 아무도 외모에 대해 평가하지 않는 사회로 바뀐다면 우리 생활은 지금과 얼마나 달라질까?

☞ 만약 '못생김'이 새로운 트렌드가 된다면 사람들은 못생겨지는 수술을 받을까?

외모 관리에 대한 대중의 관심이 커지면서 많은 성장기 청소년이 성형을 고려하고 있습니다. 10대 성형수술은 단순히 개인의 선택 문제가 아니라 청소년들의 건강, 심리적 안정과도 직결된 중요한 사안입니다.

청소년 성형수술을 둘러싼 의견은 크게 두 가지로 나뉩니다. 찬성 측에서는 성형수술이 자존감 향상이나 사회적 경쟁력 확보에 긍정적인 영향을 줄 수 있다고 주장합니다. 반면 반대 측에서는 청소년기는 신체적, 정신적으로 성장 중인 시기이기 때문에 성형수술의 부작용과 위험이 크다고 우려합니다. 또한 외모 지상주의 심화와 충동적 결정의 위험성도 문제로 지적됩니다.

청소년 성형수술의 부정적인 측면을 해결하기 위해서는 먼저 법적, 제도적 강화가 필수입니다. 이탈리아, 대만, 독일 등 해외 여러 국가에서처럼 18세 미만 미용성형 제한법과 같은 보호 장치를 마련하고 무분별한 광고나 불법 수술 근절을 위해 적극적인 감독과 규제가 필요합니다.

또한, 청소년들의 외모 고민 자체를 부정하거나 억압하는 것이 아니라 그들이 외모에 대한 불안과 열등감에서 벗어나 자기 존중감을 키우도록 사회 환경을 조정해야 합니다. 학교와 가정, 지역사회에서 외모 지상주의에 대한 비판적 사고 교육과 함께 청소년 인권과 자존감 강화 프로그램을 확대하는 것이 중요합니다.

결국 청소년 성형 문제를 바람직하게 해결하고 건강한 자아를 형성하도록 돕기 위해 우리 사회는 법적, 제도적 보호 장치 마련, 교육 환경 개선, 그리고 문화적 인식 개선을 함께 추진해야 합니다. 이러한 다각적인 노력이 균형 있게 병행될 때 청소년 성형 문제에 대한 지속 가능한 해결책을 찾을 수 있습니다.

살인자의 이름과 집 주소를 공개하라!

얼마 전에 ○○구에서 일어난 살인 사건 있잖아
그거 범인 얼굴 공개됐던데 봤어?

봤어! 근데 그렇게 얼굴을 공개해도 되는 거야?

왜? 당연히 해야지!
우리 동네에 있을지도 모르고
실제로 마주쳐도 모르고 지나갈 거 아니야...

근데 그런 범죄자랑 비슷하게 생긴 사람들은
거의 평생을 오해받으면서 살 수도 있잖아
그런 사람들은 피해를 받을 거 같애

오오 그러네. 일리 있다

그리고 얼굴을 알면
길 가다가도 사람들 얼굴만
뚫어지게 볼 거 같아 ㅋㅋㅋ

ㅋㅋㅋ 생각지도 못한 관점이네

끝장
토론 배틀

사회자 여러분, 혹시 뉴스에 보도되는 범죄 사건을 보면서 '대체 범인 얼굴을 왜 가려주는 거지?'라고 생각해본 적 있나요? 실제로 우리 사회는 이 문제로 늘 떠들썩해 왔습니다. 범인의 얼굴과 주소 등 정보를 공개하라는 입장과 범인의 인권을 보호해야 한다는 입장이 늘 대립하고 있습니다. 이번 시간에는 이 주제로 이야기 나눠볼까 합니다. 범죄자 정보 공개와 비공개 중 과연 어떤 선택이 국민의 권리와 인권을 안전하게 보장하는 방향인지, 범죄자 정보 공개를 둘러싼 정당성과 한계, 그리고 나아가야 할 방향에 대해 각자의 관점에서 자유롭게 의견을 나누어 보겠습니다.

정국 범죄자의 얼굴을 포함한 모든 정보는 당연히 공개되어야 한다고 생각합니다. 상상할 수 없을 정도로 끔찍한 일을 당한 피해자와 가족들은 범인의 얼굴과 정보가 보호받는 현실을 지켜봐야만 합니다. 이게 과연 공정한 걸까요? 피해자는 평생 씻을 수 없는 상처를 안고 살아가야 하는데, 범죄자는 사회로부터 보호를 받는 것은 납득할 수 없는 상황입니다. 범죄자의 정보를 숨기는 것은 피해자와 가족들에게 또 한 번의 상처를 주는 일입니다. 범죄자 정보 공개는 최소한 '내 고통을 사회가 알아준다'는 믿음을 주고, 피해자와 가족이 사회로부터 버림받았다는 느낌이 들지 않도록 하는 최소한의 정의 구현이 아닐까 생각합니다.

혜원 물론 우리는 피해자의 아픔에 공감해야 합니다. 하지만 범죄 용의자의 얼굴과 정보를 섣불리 공개했다가 나중에 무죄로 밝혀진다면 어떻게 될까요? 지난 2000년 8월, 전북 익산에서 발생한 약촌오거리 택시기사 살인 사건을 떠올려 보세요. 당시 15세였던 소년이 살인범으로 몰려 10년간 감옥에 가게 되었습니다. 하지만 그로부터 16년 후 진행된 재심에서 그는 무죄 판결을 받았고 진범은 뒤늦게 잡혔습니다. 이처럼 잘못된 수사와 판결만으로 한 사람의 인생이 송두리째 무너질 수 있습니다. 이런 일이 또 발생하지 않으리라는 보장은 없습니다. 사건의 범인으로 지목되었다고 해서 소년의 정보와 얼굴을 공개했다면 어떻게 되었을까요? 추후 무죄가 밝혀졌더라도 사회로부터 받은 상처와 범죄자라는 낙인을 평생 지울 수 없었을 것입니다. 이처럼 정보 공개는 한 사람의 인생을 송두리째 무너뜨릴 수 있습니다. 정보 공개는 법적 절차와 인권 보호라는 원칙하에 신중히 이루어져야 합니다.

원영 말씀하신 사건은 안타까운 일입니다. 하지만 그런 예외적인 상황을 예로 들어서는 안 됩니다. 얼굴과 정보 공개는 정확한 수사에 도움이 될 수 있기 때문입니다. 얼굴이 공개되면 시민들로부터 범죄자의 과거 행적이나 관련 정보에 대한 제보를 받을 수 있습니다. '저 사람을 우리 집 근처에서도 봤다'라거나 과거에 저지른 다른 범행에 대한 추가 제보가 들어올 수도 있습니다. 이는 미제 사건이나 추가 수사에 중요한 단서가 되기도 합니다. 범죄자 정보 공개는 수사 과정에서 사회 전체의 협력을 이끌어낼 장치로 작용할 수 있습니다. 게다가 국민 전체가 지켜보고 있으니 억울한 누명을 쓸 가능성도 오히려 줄어들지 않을까요?

성훈 정보 공개가 수사에 도움이 된다는 의견도 일리는 있습니다. 하지만 그 과정에서 또 다른 피해자가 생길 수 있다는 점을 간과해서는 안 됩니다. 바로 범죄자의 주변인들입니다. 범죄자의 얼굴과 정보가 공개되면 정작 아무 잘못 없는 가족과 주변인에게도 피해가 갑니다. '가해자의 가족'이라는 이유만으로 학교, 직장, 사회에서 낙인과 혐오, 따돌림을 경험합니다. 특히 아무 잘못도 없는 자녀들은 어떻게 될까요? '범죄자의 자식'이라고 손가락질과 비난을 받으며 평생을 살아가야 할 겁니다. 언론과 온라인 커뮤니티를 통한 무분별한 신상 털기, 악성 댓글 등으로 일상생활을 포기하는 상황까지 생깁니다. 더 무서운 건 사적 보복의 위험성입니다. 감정이 격해진 시민들이 범죄자 가족의 집에 찾아가서 협박하거나 직장에 전화해서 해고하라고 압박하는 일이 벌어질 수 있습니다. 정의를 실현하려다 또 다른 피해자를 만들어서는 안 됩니다.

사회자 지금까지 범죄자의 정보 공개와 관련해 각기 다른 견해를 들어보았습니다. 이 문제는 범죄자를 처벌하는 차원을 넘어 피해자 배려와 공동체 안전, 제3자를 향한 보복 문제까지 함께 고민해야 하는 매우 복잡하고 중요한 사안이라는 사실을 알 수 있었습니다. 그럼 양측의 마지막 정리 발언을 들어볼까요?

정국 범죄자 정보 공개는 범죄를 예방하여 사회를 더 안전하게 만드는 강력한 도구가 될 수 있습니다. '얼굴과 정보가 전 국민에게 공개될 수 있다'는 사실은 잠재적 범죄자들에게 분명한 경고가 됩니다. 또한 '우리 사회는 범죄를 결코 용납하지 않는다'는 메시지를 전달하여 자신의 행동에 대해 무거운 책임감을 느끼도록 만듭니다. 이처럼 정보 공개는 범죄자 개인의 불편함을 돌봐주기보다는 사회 전체의 안전을 우선한다는 명확한 메시지를 전달하는 역할을 할 것입니다.

혜원 제가 마지막으로 강조하고 싶은 것은 그 정보 공개가 오히려 우리 사회를 더 위험하게 만들 수 있다는 점입니다. 얼굴이 공개된 범죄자는 출소 후에도 정상적인 사회생활이 거의 불가능합니다. 낙인이 찍혀 취업도 하기 어렵고 모든 사람이 피하는 불편한 사람이 될 겁니다. 그럼 이 사람은 어떻게 살아가게 될까요? 결국 다시 범죄의 길로 빠질 가능성이 높습니다. 범죄자 정보 공개는 단기적으로는 정의롭고 합리적인 선택으로 보일 수 있지만 장기적으로는 또 다른 범죄를 낳는 악순환을 만들 수 있습니다.

사회자 오늘 토론의 핵심은 결국 공공 안전과 개인의 권리라는 두 가치를 어떻게 조율할 것인가였습니다. 단순히 '얼굴을 공개하자, 안 된다'의 문제가 아니라 어떤 기준과 절차로, 어떤 제한을 두고 이루어질지가 더욱 중요합니다. 정보 공개가 가져올 사회적 효과와 동시에 발생할 2차 피해를 어떻게 막을지도 함께 고민해봐야겠죠. 이 토론이 그 공론의 출발점이 되었으면 좋겠습니다.

	찬성	반대
논거	**1.** 범죄자 정보 공개는 피해자의 억울함을 덜어주고 사회적 정의가 실현되었다는 믿음을 주는 최소한의 조치이다. **2.** 정보 공개를 통해 시민들의 제보를 유도하여 수사에 도움을 줄 수 있고, 잘못된 수사를 방지하는 효과가 있다. **3.** '얼굴이 공개된다'는 두려움은 잠재적 범죄자에게 강력한 경고가 되며 범죄자에게는 자신의 행동에 대한 책임을 부여한다.	**1.** 죄가 확정되지 않은 피의자의 정보를 공개하면 이후 무죄로 밝혀졌을 때 한 사람의 인생이 파괴될 수 있다. **2.** 범죄와 무관한 가족들, 주변인들이 사회적 낙인과 따돌림, 사적 보복의 위협에 노출되는 심각한 2차 피해가 발생한다. **3.** 정보 공개로 사회 복귀가 불가능해진 범죄자가 결국 다시 범죄를 저지를 가능성이 높아져 오히려 사회 전체의 안전을 해칠 수 있다.

토론 후 톡

☞ 죄가 확정되기 전에 피의자의 얼굴을 공개해도 괜찮을까?

☞ 미국, 중국, 일본 등 다른 나라의 범죄자 신상 정보 공개 정책을 조사해보고 우리나라에 적합한 방식은 무엇일지 생각해보자.

☞ 범죄를 저지르려는 사람 앞에 천사와 악마가 나타났다. 천사는 "네 얼굴과 집 주소를 포함한 모든 행동과 정보를 전 세계에 공개할 거야"라고 경고하고 악마는 "네가 한 일을 아무도 모르게 해줄게"라고 속삭인다면, 범죄자는 누구의 말을 들을까?

범죄자의 정보 공개를 둘러싼 논쟁은 우리 사회의 뜨거운 감자입니다. 끔찍한 범죄가 발생할 때마다 국민의 알 권리와 피해자의 인권, 2차 피해 등의 의견이 팽팽히 맞서고 있습니다. 민감한 주제인 만큼 범죄자의 정보 공개는 엄격한 기준과 절차에 따라 신중하게 이루어져야 합니다.

무엇보다 정보 공개는 '무죄추정의 원칙'에 위배되지 않아야 합니다. 죄가 확정되기 전 이른 단계에서 피의자의 정보가 공개되면 혹여라도 무죄로 밝혀졌을 경우 피의자와 가족이 받는 정신적, 사회적 피해를 돌이킬 수 없습니다.

또한, 살인, 성폭력, 방화, 마약 등 중대 범죄에 대해서는 공개 대상 범죄와 공개 시점을 명확히 정해야 합니다. 공개 결정 전 피의자에게 충분한 진술 기회를 주고 정보 공개 후 유예 기간을 두는 등 절차적 보호도 마련해야 합니다. 이러한 장치는 인권 침해를 최소화하면서 궁극적으로는 정의를 실현하는 데 필수적입니다.

더불어 정보 공개 효과에 대한 냉철한 검토가 필요합니다.

일부 전문가들은 범죄자 정보 공개가 범죄 억제에 뚜렷한 효과가 없다고 지적합니다. 오히려 피의자와 가족에게 사회적 낙인을 찍거나 무분별한 신상 털기로 이어져 연좌제와 같은 부작용을 낳을 수 있다고 우려합니다. 따라서 범죄 예방 효과와 인권 보호 사이에서 균형을 찾아야 합니다. 특히 정보 공개 시 피의자 가족 보호 등 추가적인 대책을 마련하여 범죄와 무관한 제3자가 피해를 입는 일이 없도록 해야 합니다.

결론적으로 범죄자 정보 공개 제도는 사회적 합의와 지속적인 평가가 필요합니다. 정부, 법률 전문가, 사회와 언론이 함께 논의하고 실제로 범죄 예방과 공공 이익에 도움이 되는지 정기적으로 평가해야 하며 언론은 정보를 무분별하게 확산하지 않고 피의자와 가족의 인권을 존중하는 방향으로 보도하는 책임감을 가져야 합니다. 모든 사회 구성원의 노력이 합쳐질 때 우리는 비로소 정의와 인권이 공존하는 길을 찾을 수 있을 것입니다.

《죽이고 싶은 아이》라는 소설 읽어봤어?

아, 그거, 들어보긴 했어!
무슨 내용이야?

이게 어떤 애가 친구를 죽였다고 누명을 쓰는 바람에
억울하게 감옥에 가는 얘기거든?
결국 범인이 아니라는 게 밝혀져서 나중에 풀려나긴 하는데
만약 사형이라도 됐어봐
남은 가족이랑 죽은 본인의 억울함은 어떡하냐고

그게 그런 내용이었어?
근데 그거랑은 별개로 사형 제도는 있어야 돼
만약 진짜 범인인 경우에는 피해자가 너무 억울해

근데 사형시킨다고 피해자나 가족들의 억울함이 풀릴까?

완전히 풀리지는 않겠지만 남의 목숨을 빼앗았으면
똑같이 목숨으로 갚는 게 정당하다고 생각해
잠재적 범죄자들한테 본보기를 보일 수도 있고

근데 사형 제도가 있다고 해서
범죄율이 줄어드는 건 아니라던데?

끝장
토론 배틀

사회자 대한민국은 법률상 사형제를 유지하고 있는 국가입니다. 1997년 마지막 사형이 집행된 이후 사형은 선고되고 있지만 집행은 이루어지지 않고 있습니다. 이로 인해 유엔에서는 대한민국을 '실질적 사형 폐지국'으로 분류하고 있습니다. 이처럼 사실상 폐지된 것과 다름없다보니, 강력 범죄가 발생할 때마다 사형제 부활에 대한 국민적 관심과 찬반 논쟁이 집중되곤 합니다. 이번 토론에서는 사형 제도의 필요성과 문제점을 다각도로 살펴보겠습니다.

은서 사형제는 한번 집행하고 나면 돌이킬 수 없다는 점에서 심각한 문제가 있습니다. 재판관도 사람이기 때문에 잘못된 판결을 할 수 있습니다. 혹은 증거가 잘못 해석되거나 거짓 증언이 나올 수도 있고 수사 과정에서 실수가 생길 수도 있습니다. 그러면 무죄인 사람이 살인범으로 몰려 억울하게 사형을 당할 가능성도 생깁니다. 수사와 재판 오류로 억울하게 사형이 집행된 사례는 세계 곳곳에서 어렵지 않게 찾을 수 있습니다. 과정의 오류로 사형이 집행되면 나중에 진범이 잡히거나 새로운 증거가 나와도 이미 늦습니다. 다른 형벌은 잘못되었을 때 늦게라도 보상을 하거나 바로잡을 수 있지만 사형은 절대로 되돌릴 수 없습니다. 국가가 법이라는 이름으로 생명을 앗아가는 위험을 단 1%라도 발생시켜서는 안 됩니다.

동하 절차의 오류는 과학 수사와 엄격한 재판을 통해 최소화할 수 있습니다. 중요한 것은 극악무도한 범죄를 저지른 자에 대한 처벌과 정의 실현입니다. 살인이나 테러와 같은 중대 범죄는 피해자와 유가족의 고통이 너무 크며, 범죄자는 합당한 대가를 치러야 합니다. 피해자가 빼앗긴 생명의 가치는 아무도 보상해줄 수 없습니다. 종신형으로 평생을 교도소에 있게 하면 되지 않냐고 반문할 수 있지만 많은 사람에게 씻을 수 없는 상처를 남기고 감옥 안에서 편히 지내는 것은 정당한 대가가 될 수 없고, 유가족의 고통을 외면하는 일입니다. 더욱이 또 다른 범죄를 모의거나 탈옥을 시도할 가능성도 있습니다. 따라서 사형이라는 확실한 방법으로 사회에서 영원히 분리해야 합니다.

연우   사형제가 정의를 구현한다는 주장은 그럴듯하게 들립니다. 하지만 사형은 정의라기보다는 복수에 가깝습니다. 형벌의 궁극적인 목적은 범죄자가 죄를 뉘우치고 정상적으로 사회에 복귀할 수 있도록 하는 것입니다. 물론 형벌의 목적에는 범죄 예방 효과도 있지만, 사형 제도에 범죄 예방 효과가 있다는 것도 확실히 입증된 것이 아닙니다. 오히려 무기징역과 큰 차이가 없다고 합니다. 복수가 아닌 진정한 정의 구현과 사회 발전을 위해 사형 제도가 유지될 필요는 없습니다.

성훈   사형은 복수가 아니라 사회 질서를 지키기 위한 필수 제도입니다. 범죄자 교화와 사회 복귀도 물론 중요하지만 극악무도한 범죄자에게는 지은 죄에 상응하는 처벌이 우선되어야 합니다. 무엇보다 사형은 강력한 범죄 억제 효과가 있습니다. 죽음에 대한 공포는 인간의 본능이며, 사형은 그 본능을 자극하여 끔찍한 범죄를 사전에 억제하는 강력한 예방 효과를 가집니다. 사형제가 있다는 사실만으로도 잠재적 범죄자들에게 강력한 경고가 됩니다. 무기징역과는 비교할 수 없는 심리적 압박을 통해 사회의 안전망을 더욱 견고히 할 수 있습니다.

사회자 사형 제도를 폐지해야 한다는 측에서는 오판 위험, 범죄 억제 효과의 불확실성을 근거로 사형 제도의 폐지를 주장했습니다. 반면 반대 측에서는 극악무도한 범죄에 대한 정의 실현, 사회 보호 그리고 범죄 억제 효과를 들어 사형 제도의 필요성을 강조했습니다. 이제 양측이 각자의 핵심 메시지를 담아 마지막 발언을 해주시기 바랍니다. 먼저 사형 제도를 폐지해야 한다는 측의 발표부터 들어볼까요?

은서 사형 제도는 이제 역사 속으로 사라져야 할 제도입니다. 전 세계 많은 선진국에서 인권 존중을 바탕으로 사형제를 폐지하고 있으며 우리가 만들어가야 할 미래 사회의 모습이기도 합니다. 이제는 단순히 죗값을 묻는 처벌 방식에서 벗어나 교화와 재활을 통해 범죄자도 사회로 복귀시키는 성숙한 사회로 나아가야 합니다. 생명권은 국가가 개인에게 부여해준 것이 아니라 인간이 가진 근본적인 권리이며, 이를 박탈하는 것은 인권 국가로서의 가치를 스스로 훼손하는 일입니다. 사형제를 완전히 폐지하고 인권 존중과 교화를 바탕으로 더 나은 사회를 만들어나가야 합니다.

 사형 제도는 경제적인 측면에서도 반드시 유지되어야 할 현실적인 제도입니다. 예를 들어 사형 제도가 폐지되고 무기징역으로 대체된다고 생각해볼까요? 범죄자 한 명을 평생 감옥에 가두고 관리하는 데 식비, 의료비, 관리비만 해도 수십 년간 비용이 들어갑니다. 이 비용은 모두 국민의 세금에서 나가죠. 선량한 시민들이 낸 소중한 세금을 흉악범들이 평생 먹고 자는 비용으로 사용할 것이 아니라 교육, 복지, 의료 등 진짜 필요한 곳에 사용해야 합니다. 이처럼 경제적 효율성 측면에서 생각해보아도 사형 제도는 합리적인 선택이라고 할 수 있습니다.

생명권이라는 인간의 근본적인 가치와 오판의 위험성, 그리고 정의 실현과 사회 안전을 우선하는 입장이 팽팽하게 맞섰습니다. 오늘 나눈 이야기들은 단순히 제도의 존폐를 넘어 우리 사회가 인간의 생명과 범죄에 대한 책임을 어떻게 정의할 것인지에 대한 무거운 질문을 던져준 것 같습니다. 이번 토론이 각자의 입장에 담긴 사회적, 법적, 윤리적 쟁점을 균형있게 이해하고, 옳고 그름을 가리는 것을 넘어 우리 사회가 앞으로 나아가야 할 더 나은 방향에 대해 함께 고민해보는 소중한 기회가 되기를 바랍니다. 이상으로 토론을 마치겠습니다.

	찬성	반대
논거	1. 사형 제도를 통해 범죄에 상응하는 정의를 실현하고 재범을 차단할 수 있다.	1. 잘못된 판결로 무고한 생명을 잃을 가능성이 있는 위험한 형벌이다.
	2. 사형은 복수가 아닌 사회질서 유지 수단이며 죽음에 대한 공포를 통해 범죄 억제 효과를 발휘한다.	2. 사형은 정의 실현이 아닌 복수이며 범죄 억제 효과도 입증되지 않았다.
	3. 종신형보다 경제적으로 부담이 적어 세금을 효율적으로 사용하는 현실적 제도다.	3. 국제 추세와 인권 발전에 맞춰 교화와 치유를 통한 성숙한 사회로 나아가야 한다.

토론 후 톡

☞ 사형 제도에 대한 나의 생각은?

☞ 사형을 제외하고 극악무도한 범죄자에게 내릴 수 있는 가장 큰 형벌은 무엇일까?

☞ 소위 말하는 '잃을 게 없는' 범죄자에게 사형 제도 같은 처벌이 억제 효과가 있을까?

솔루션 톡

사형 제도는 아주 오래전부터 유지해야 한다는 입장과 폐지해야 한다는 입장의 대립 구도가 형성되어 왔습니다. 대다수의 유럽 국가, 남미, 캐나다 등 여러 나라에서 인권 존중을 바탕으로 사형 제도를 폐지했고 한국, 일본, 미국의 일부 주에서는 여전히 사형 제도를 유지하고 있습니다. 인권과 사회 안전이 부딪히는 이 지점에서 우리는 어떤 선택을 해야 할까요?

과거에는 중범죄에 사형, 무기징역과 같은 강력 처벌이 주를 이루었지만, 오판 가능성과 범죄 억제 효과의 불확실성 논란이 지속되고 있습니다.

그럼에도 불구하고 한편에서는 사형이나 종신형만으로 중범죄를 해결하려는 시각이 존재합니다. 이러한 접근은 단기적 응징은 가능하지만 근본적 범죄 예방과 치유에는 한계가 있습니다. 따라서 미래 사회가 지향해야 할 처벌 제도는 단순히 생명을 빼앗거나 사회로부터 장기간 격리하는 방식이 아니라 응보와 예방을 균형 있게 결합하는 것입니다. 구체적으로는 범죄자의 심리적 원인, 사회적 배경, 범행 동기 등을 분석하여 재범 가능성을 최소화하고 사회의 안전을 지켜야 합니다.

균형 잡힌 접근을 실현하기 위해서는 형사 제도의 선진화와 첨단 기술의 융합이 필요합니다. 일부 국가에서 시행 중인 전자 감독과 디지털 신상 관리 제도가 출발점이 될 수 있습니다. 인공지능, 빅데이터, 생체 인식 기술이 발전하면 범죄자의 이동, 행동, 관계를 실시간으로 관리하고 위험 징후를 미리 발견할 수 있습니다. 교정 시설 내에서도 교육, 심리치료, 직업 재활 프로그램을 첨단화하면 수감 중 적극적으로 교정을 유도할 수 있습니다. 이러한 관점은 범죄자를 '교정 대상'으로 인식하고, 공동체 치유와 피해자 지원까지 함께 아우르는 새로운 방향을 제시합니다.

결국 미래의 중범죄 처벌은 과학적, 체계적 근거를 바탕으로 운영되어야 합니다. 피해자의 권리를 보장하고 공동체의 안전을 지키는 것이 정의를 실현하는 길입니다. 따라서 우리는 첨단 기술과 피해자 중심 제도를 결합해, 응보와 예방을 균형 있게 달성하는 새로운 형사 제도를 적극적으로 모색해야 합니다.

햄버거를 먹으려면 세금을 두 배로 내라고?

요즘 햄버거를 자주 먹었더니
살이 엄청 쪘네ㅠ

나도 그래ㅋㅋ
그만 먹어야 하는데 계속 먹게 돼
햄버거 가격을 확 올려버리면 못 먹게 되려나?

그럼 다른 걸 먹지 않을까?ㅋㅋ
지금도 안 먹으려면 안 먹을 수 있는데
맛있으니까 계속 먹게 되는 거야ㅋㅋ

안 먹겠다는 의지가 안 생겨서 문제야ㅋㅋ
이런 상황에서는 가격을 올려서
어쩔 수 없이 못 먹게 하는 게 답일 듯?

그건 너무 강제적인 거 아님?ㅠ
최소한 내가 먹을 건 내가 선택하고 싶어..

건강에도 안 좋고 살도 찌는데
왜 이렇게 먹고 싶은 걸까?
대체 어떻게 햄버거를 끊을 수 있을까?

끝장 토론 배틀

사회자 여러분, '정크푸드세'라는 말을 들어보셨나요? 정크푸드세란 설탕, 지방, 소금, 화학조미료 등이 많이 들어간 가공식품에 세금을 더 많이 부과하는 제도입니다. 설탕세, 지방세, 소다세 등 다양한 이름으로 불리죠. 탄산음료, 햄버거, 감자칩 등이 대표적인 정크푸드에 해당하는데요, 여기에 높은 세금을 부과하는 이유는 국민의 식습관 개선, 건강 증진이라는 목적 때문입니다. 정크푸드에 세금을 많이 부과하면 그만큼 가격이 비싸집니다. 그러면 소비자들이 건강에 안 좋은 정크푸드를 쉽게 사 먹지 못하게 되고 그 결과 당뇨, 성인병 등을 예방할 수 있다는 논리인 거죠. 이 정책은 원래 목적대로 국민의 식습관을 개선하고 의료비를 절감시킨다는 긍정적인 측면도 있지만 개인의 선택을 침해하고 오히려 경제적 부담을 증가시킨다는 부정적인 면도 있습니다. 여러분은 어떻게 생각하시나요? 이번 토론에서는 이 정크푸드세의 필요성과 효과, 사회적, 경제적 영향에 대해 다양한 의견을 나눠보겠습니다. 서로의 입장을 존중하고 경청하는 뜻깊은 시간이 되길 바랍니다.

은영 정크푸드세 도입은 식습관을 개선하고 비만, 만성 질환 예방에 기여할 수 있습니다. 멕시코에서 2014년부터 정크푸드세를 도입한 결과 정크푸드 소비가 평균 5.1% 정도 줄어들었고, 가격에 민감한 저소득층에서는 10% 가까이 감소하는 효과가 있었습니다. 가격 인상은 소비자가 해로운 음식을 쉽게 소비하지 못하도록 유도합니다. 현재 우리나라의 비만과 당뇨병 등 성인병 발병률이 증가하고 있는 상황에서 정크푸드세는 필수적이라 할 수 있습니다. 세계보건기구 WHO에서도 설탕이 많이 들어간 음료와 식품에 '설탕세'를 부과할 것을 권고하고 있습니다. 이처럼 국민의 건강한 식습관 형성을 위해 정크푸드세는 반드시 도입해야 할 제도입니다.

도윤 정크푸드세가 나쁜 음식을 먹기 어렵게 한다는 주장에는 일리가 있지만 일시적일 가능성이 높고 경제적 부담만 가중시키는 제도입니다. 실제로 덴마크에서는 2011년에 설탕세와 비슷한 지방세를 도입했습니다. 하지만 과도한 세금으로 인해 물가가 상승하여 국민의 부담이 커졌고 이로 인해 사람들이 돈을 쓰지 않게 되었죠. 그 결과 지방세는 자영업자들에게 큰 피해를 남긴 채 1년 만에 폐지되었습니다. 사람들은 세금 때문에 가격이 올라가면 건강식을 찾기보다는 대체재와 같은 다른 방법을 택할 겁니다. 정크푸드세와 같은 단기적인 제도보다는 올바른 영양 교육, 체육 시설 증설 등 다양한 방법을 마련해야 합니다.

아진 덴마크의 경우 아쉬운 결과가 나왔지만 모든 나라에서 똑같은 결과가 나타난 것은 아닙니다. 실제로 영국에서는 소아 비만 문제를 해결하기 위해 2018년 설탕세를 도입한 결과 설탕 소비량이 약 29% 감소했으며 비만율과 충치 발병률이 눈에 띄게 감소했습니다. 무엇보다 중요한 점은 정크푸드세가 단순히 해로운 음식 섭취를 줄이는 데 그치는 것이 아니라는 사실입니다. 말씀하신 체육 시설 확충이나 영양 교육 등 건강 증진 프로그램에 정크푸드세로 확보한 세금을 투자할 수 있습니다. 이렇게 하면 개인의 건강을 지키고 사회 전체를 위한 방안을 마련하기에도 효과적입니다.

아진　세금을 확보하여 건강 정책에 투자하는 것은 좋은 방법일 수 있습니다. 하지만 저는 정크푸드세가 불평등한 제도라는 생각이 듭니다. 가격 상승은 누구에게나 동일하게 적용되지만 저소득층에게는 더 큰 부담으로 다가오기 때문입니다. 고소득층은 건강한 유기농 식품이나 신선한 식재료를 비교적 부담 없이 소비할 수 있지만 저소득층은 시간과 비용 문제로 인해 가공식품이나 인스턴트 식품에 의존하는 경우가 많습니다. 선택지가 많지 않은 상황에서 가격마저 오른다면 더 큰 경제적 압박을 받게 됩니다. 정크푸드세는 결국 저소득층에게만 부담을 주는 불공정한 제도입니다. 따라서 모든 국민이 공평하게 혜택을 받을 수 있는 보편적인 정책을 마련해야 합니다.

사회자　정크푸드세의 필요성과 한계를 중심에 두고 다양한 주장이 오갔습니다. 정크푸드세를 도입해야 한다는 측은 소비 습관 개선과 건강 증진, 그리고 세금의 재투자 가능성을 강조했고, 반대하는 측은 정크푸드세의 한계와 저소득층의 경제적 부담을 문제로 지적했습니다. 양쪽 모두 설득력 있는 시각을 보여주었는데요, 이제 각 측의 마지막 발언을 들어보겠습니다.

은영

정크푸드세 도입을 더 이상 미뤄서는 안 됩니다. 세금이 높아지면서 고칼로리 제품, 고당류 식품의 소비가 줄어들면 비만, 당뇨, 심장병 같은 환자가 생기는 걸 막을 수 있고 결국 국가에서 의료비로 쓰이는 돈도 줄일 수 있습니다. 병에 걸린 다음 치료하는 것보다 미리 예방하는 게 훨씬 효과적이고 비용도 적게 든다는 건 누구나 아는 사실입니다. 정크푸드세를 통해 식습관을 바꾸고 질병을 예방할 수 있다면 개인과 사회 모두 의료비 부담에서 벗어날 수 있습니다.

도윤

정크푸드세는 겉보기에는 건강을 위한 정책처럼 보이지만 사실 개인의 자유를 침해하는 제도입니다. 정부의 역할은 국민에게 올바른 정보를 제공하고 자유롭게 선택할 수 있는 환경을 만드는 것이지 세금 같은 강제적인 수단으로 특정한 선택을 강요하는 것이 아닙니다. 개인의 식품 선택은 각자의 취향과 상황에 따라 자유롭게 이루어져야 합니다. 이번에는 정크푸드라면서 세금을 걷지만 다음에는 또 다른 이유로 다른 품목에 세금을 부과할 수도 있어요. 이런 식으로 강제적인 세금 부과가 점점 확대되지 않으리라는 보장은 없습니다. 건강, 식습관 문제는 강제적인 방법보다는 올바른 교육과 정보 제공을 통해 자리 잡도록 하는 것이 바람직하다고 생각합니다.

사회자 지금까지 콜라와 햄버거 등 정크푸드에 세금을 부과하는 제도를 둘러싼 찬성 측과 반대 측의 의견을 경청하였습니다. 우리 사회가 지향해야 할 방향은 건강과 자유, 사회적 형평성을 어떻게 조화롭게 조정할 것인가에 달려 있습니다. 이번 논의가 우리 모두에게 깊은 시사점을 제공하고 더 나은 제도적 대안을 모색하는 출발점이 되기를 기대합니다.

한 줄 요약 팩트 톡

	찬성	반대
논거	**1.** 정크푸드세는 가격 인상을 통해 해로운 식품 소비를 줄여 비만과 만성질환을 예방하고 국민 건강을 증진시킨다.	**1.** 정크푸드세는 물가 상승과 서민 부담만 가중시킬 뿐 효과는 적은 단기적인 방안에 불과하다.
	2. 정크푸드세로 확보한 세금을 체육시설, 영양 교육 등 건강 프로그램에 재투자할 수 있다.	**2.** 건강한 식품을 선택할 여유가 없는 저소득층에게만 경제적 부담을 주는 불공평하고 차별적인 제도이다.
	3. 고칼로리, 고당류 식품의 소비를 감소시켜 비만, 당뇨병 등 질병을 예방하여 의료비 부담을 줄일 수 있다.	**3.** 세금이라는 강제적 수단으로 국민의 선택을 통제하고 개인의 자유를 침해한다.

토론 후 톡

☞ 세금을 부과하는 '정크푸드'의 기준은 누가, 어떻게 정해야 할까?

☞ 정크푸드를 만드는 회사가 자발적으로 건강한 식품을 만들도록 유도하는 방법은 없을까?

☞ 만약 정크푸드세를 음식에 부과하는 것이 아니라 건강검진 결과에서 당뇨나 비만 위험이 있는 사람에게만 적용한다면 공평한 걸까?

솔루션 톡

　서구화된 식습관과 정크푸드 섭취는 비만, 당뇨, 일부 유형의 암, 심혈관 질환과 같은 질병의 원인으로 늘 거론되고 있습니다. 이에 대한 해결책의 일환으로 '정크푸드세' 도입이 국내에서도 활발히 논의되고 있습니다.

　하지만 단순히 세금을 부과하는 강제적 방식으로는 근본적인 식습관을 변화시키기 어렵습니다. 저소득층의 경제적 부담을 가중시키거나 단기 효과에 그칠 수 있다는 우려도 공존합니다. 따라서 건강한 사회를 만들기 위해서는 세금 외에도 교육, 캠페인, 지원책 등을 함께 고민해야 합니다.

　정크푸드 소비를 효과적으로 줄이기 위해서는 소비자 스스로 건강한 선택을 할 수 있도록 돕는 것이 중요합니다. 동시에 저소득층을 위한 건강식품 바우처나 신선 식품 접근성 확대 같은 맞춤형 지원이 병행되어야 형평성을 확보할 수 있습니다.

　또한, 정책 효과를 극대화하기 위해 정크푸드세 도입 전후의 소비 변화와 건강 지표, 산업 영향 등을 면밀히 분석하고 지속적으로 보완해야 합니다. OECD, WHO 등 국제기구가 권고하는 다양한 방안을 참고하고 각국이 협력해 정보 공유를 추진하는 방향도 필요합니다.

결국 정크푸드 소비에 따른 식습관 및 건강 문제를 단순한 규제나 개인의 의지에 맡기기에는 한계가 있습니다. 교육, 제도, 생활 습관 변화가 함께 이루어질 때 비로소 개인과 사회 모두가 건강한 식생활 문화를 만들어갈 수 있습니다.

3장

과학과 기술

AI가 인간을 대체할 수 있을까?

게임이 우리를 폭력적으로 만든다고?

아바타가 잘못한 건데, 진짜 감옥에 가라고?

SNS 팔로워 수 = 내 인간관계 점수?

AI가 쓴 소설도 문학 작품일까?

온라인에서 닉네임이 아닌 실명을 쓴다면?

실험실에서 사람을 만들어 낼 수 있다면?

AI가 인간을
대체할 수 있을까?

속닥속닥
TMI 톡

<   Q ☰

챗GPT 써봤어? 완전 레전드임ㅋㅋ
언젠가는 사람도 대체 가능할 거 같음ㅋㅋ

사람을 대체한다고???? 안돼!!

왜? 가끔 보면 사람보다 훨씬 나은 거 같던데ㅋㅋㅋ

야 사람도 공감 능력이 없으면
사이코패스같이 보이는데 AI는 어떻겠냐?
걔네는 계산 결과나 효율성으로만 판단하잖아

그럼 오히려 좋은 거 아냐?

하... 예를 들어보자
만약에 어떤 사람이 아파서 병원에 갔어
근데 AI가 진료해보니까 완치될 확률이 낮은 거야
그 상황에서 "진단 결과 92% 확률로 치료 불가능.
치료 무의미. 비용 낭비 가능성 100%입니다"
이런 식으로 말하면 어떡하냐?

그렇게 생각하니까 진짜 무섭다ㄷㄷ
그럼 인간 의사가 낫겠는데??

끝장 토론 배틀

사회자 AI가 그림을 그리고 책을 출간하며 심리 상담까지 하는 시대가 왔습니다. 이처럼 AI 기술이 창작을 비롯한 전문 영역까지 확장되면서 효율성과 생산성은 크게 향상되었지만, 인간의 자리를 대체할 수 있다는 우려도 커지고 있습니다. 실제로 다보스 세계경제포럼에서는 2030년까지 9,200만 개의 일자리가 사라질 것으로 전망했고 국제통화기금 IMF에 따르면 전 세계 기업의 41%가 AI로 인한 인력 감축을 계획 중인 것으로 나타났습니다. 인공지능의 확산은 기대와 불안을 동시에 불러일으키며 사회적 논쟁의 중심에 서 있습니다. AI는 정말 가까운 미래에 인간을 완전히 대체하게 될까요? 이번 시간에는 'AI가 인간의 자리를 대체할 수 있을까?'라는 주제로 학생들의 다양한 의견을 들어보겠습니다.

주이 AI가 인간의 자리를 대체하는 것은 충분히 가능한 일이라고 생각합니다. AI는 이미 인간을 뛰어넘는 계산 속도와 정보 처리 능력을 가지고 있습니다. 실제로 체스나 바둑에서는 이미 인간을 뛰어넘었고 의료, 금융, 번역 분야 등 전문적인 영역에서도 해당 분야의 전문가보다 빠르고 정확한 결과를 도출하고 있습니다. 이처럼 AI는 단순한 업무를 넘어 인간의 고유 영역으로 여겨졌던 지적, 전문적 역할까지 확장되고 있습니다. 게다가 AI는 신체적, 정신적 상태에 영향을 받지 않고 안정적인 성능을 유지할 수 있다는 장점까지 갖추었죠. 더 다양한 분야에서 AI가 인간의 자리를 대체하는 것은 시간문제라고 생각합니다.

성재 AI가 빠르고 정확한 처리 능력을 가진 것은 사실이지만 인간의 고유한 영역인 창의성, 비판적 사고, 공감 능력까지 따라잡을 수는 없습니다. AI는 수집한 데이터를 분석하고 조합할 뿐이지 창조적이고 혁신적인 발상을 하지는 못합니다. 예를 들면 아인슈타인의 상대성 이론이나 피카소의 그림과 같은 아이디어는 논리나 계산을 뛰어넘는 상상력의 산물이죠. AI가 인간을 뛰어넘는 속도와 기술이 있다고 해도 그것은 인간을 대체하는 것이 아니라 인간의 판단을 돕고 창의력을 자극하는 보조 역할에 머무를 것입니다.

현재는 AI가 인간의 창의성과 공감 능력을 따라잡기 어려워 보일 수 있습니다. 그러나 기술의 발전 속도를 생각해보면 이는 시간문제일 뿐이며, 과거에는 상상하기 어려웠던 일들이 이미 현실이 되고 있습니다. AI는 이미 작곡을 하고 문학과 예술 작품을 만들어내고 있습니다. 이러한 발전은 더욱 가속화될 것입니다. 인간의 창의력과 공감 능력은 개인의 경험과 지식, 감각 등이 어우러진 결과입니다. 그런데 인간이 긴 시간을 들여 쌓는 경험과 지식을 AI는 단 몇 시간 만에 쌓을 수 있고, 심지어 전 세계 사람들의 경험과 지식을 습득할 수 있습니다. 이런 학습이 지속된다면 창의성과 공감 능력이 인간의 고유 영역이라는 관점은 빠르게 사라질 것입니다. 따라서 AI가 인간 고유의 영역을 넘어서지 못할 것이라는 주장은 기술 발전의 가능성을 배제한 성급한 결론이라고 생각합니다.

지효 AI가 언젠가 인간의 고유한 영역까지 따라잡을 것이라는 주장은, 가능성을 사실이라고 착각하는 근거 없는 의견입니다. 인류가 최초로 달에 갔을 때, 사람들은 곧 화성으로 주말여행이 가능할 거라 믿었죠. 하지만 화성 여행은 아직 불가능합니다. 한계가 있기 때문입니다. AI의 발전에도 한계가 있습니다. 데이터만으로는 절대 채울 수 없는 '진짜 경험'이라는 한계입니다. AI 의사는 고통과 죽음에 대한 이해가 없기 때문에 환자에게 공감과 신뢰를 건넬 수 없습니다. AI가 쓰는 시와 소설이 그럴싸해 보여도, 어두운 현실에 저항하는 시와 노래를 만든 선조들의 시대정신과 목적의식을 직접 경험하고 담아낼 수는 없습니다. 결국 창의성과 공감은 경험을 통해 상황을 이해하고 의미와 가치를 만들어내는 일입니다. 이것은 인공지능이 결코 흉내 낼 수 없는 영역입니다.

사회자 AI가 흉내를 넘어 인간 고유의 영역까지 대체할 수 있을지에 대한 팽팽한 논리를 확인할 수 있었습니다. 만약 AI가 지금보다 더 많은 분야에서 활동하게 된다면 우리는 그것을 무작정 받아들이기만 해야 할까요? 아니면 제도와 법률로 제한해야 할까요? 그리고 이유는 무엇일까요? 각자

의 관점에서 우리 사회가 지향해야 할 바람직한 방향에 대해
생각해보며 최종 의견을 들어보겠습니다.

주이   AI가 인간을 대체하게 될 거라고 생각하는 가장 강
력한 근거는 바로 '경제적 효율성'입니다. AI는 개발
비용과 유지보수 비용을 감안하더라도 인건비와는 비교가 안
될 수준의 비용으로 시스템을 이용할 수 있습니다. 이는 지속
적인 인건비, 교육비, 복지 비용이 드는 인간 노동력과의 결
정적 차이입니다. 예를 들어, 숙련된 의사를 한 명 양성하는
데는 수십 년의 시간과 큰 비용이 들지만, AI 의사는 한번 개
발이 완료되면 동일한 성능을 가진 의사를 무한히 생성할 수
있습니다. 그러면 치료를 받기 어려운 지역이나 개발도상국에
도 높은 수준의 의료 서비스를 제공할 수 있겠죠. 기업들 역시
절감된 비용으로 연구 개발 등 다른 곳에 합리적으로 활용할
수 있습니다. 인간의 자리가 AI로 대체되는 것은 선택의 영역
이 아니라 자연스러운 경제 흐름이라고 생각합니다.

성재   어떤 상황에서도 우리가 절대 포기해서는 안 될 원
칙은 바로 윤리와 책임입니다. AI가 가진 경제적 효

율만으로 사회 시스템을 운영하는 것은 불가능합니다. 복잡한 윤리 문제, 도덕적 판단이 필요한 순간에 AI는 데이터에 기반한 계산을 할 뿐 인간의 가치관이나 상황을 반영하지 못합니다. 생명 유지 장치에 의존하고 있는 환자가 있다고 생각해보세요. AI 의사는 회복 가능성을 계산하여 장치를 제거하는 것이 시간과 비용 측면에서 합리적이라고 판단할 것입니다. 하지만 가족들의 가치관, 환자의 생각 등을 고려하지는 못할 거예요. 효율성을 앞세워 이런 결정들을 AI에게 맡긴다면 인간의 존엄과 도덕성을 잃게 됩니다. 기술은 어디까지나 인간을 돕는 도구로 머물러야 합니다.

사회자 양측의 최종 의견 잘 들었습니다. AI의 효율성이 가져올 사회 발전과 혁신 그리고 효율성만으로는 대체할 수 없는 인간의 윤리적 가치와 책임의 중요성을 강조해주셨습니다. 결국 우리가 어떤 가치를 중시하며 사회적 합의를 이루어나갈 것인지에 대한 현명한 선택이 필요한 문제인 것 같습니다. 오늘 토론이 지혜로운 선택을 위한 의미 있는 첫걸음이 되기를 바라며 토론을 마치겠습니다.

	찬성	반대
논거	**1.** AI는 이미 여러 분야에서 인간을 능가하고 있고 감정이나 컨디션에 영향을 받지 않고 안정적인 성능을 유지할 수 있다. **2.** AI는 인간의 평생 경험을 단숨에 학습하는 능력과 기술 발전을 바탕으로 창의성과 공감 능력까지 갖추게 될 것이다. **3.** AI는 인건비와 비교할 수 없는 비용 효율성과 확장성으로 인간의 자리를 대체할 것이며 이는 자연스러운 경제 흐름이다.	**1.** AI는 인간 고유의 창의성이나 공감 능력을 가질 수 없기 때문에 인간을 대체하는 존재가 아닌 보조하는 도구에 머무를 것이다. **2.** AI는 인간의 결과물을 흉내낼 수는 있어도, '진짜 경험'이 없기 때문에 근본적인 한계에 부딪힌다. **3.** AI는 데이터에 기반한 효율적인 계산은 가능하지만 인간의 윤리적 판단과 책임을 질 수 없다는 한계가 있기 때문에 인간을 대체할 수 없다.

토론 후 톡

☞ AI는 절대 따라 할 수 없는 나만의 특징은 무엇일까?

☞ 모든 것을 AI가 관리하는 '완벽한 효율 사회' vs 비효율적이더라도 실수가 허용되는 '인간적인 사회' 중 내가 살고 싶은 사회는?

☞ 만약 AI가 나의 모든 것을 분석해서 딱 맞는 최고의 직업과 최적의 배우자를 추천해준다면 그 결정을 믿고 따를 수 있을까?

솔루션 톡

AI가 그림을 그리고 소설을 쓰며 심리 상담까지 하는 시대가 도래했습니다. 모두가 기술이 선사하는 편리함과 효율성에 환호하지만 그 이면에는 '인간의 자리는 안전한가?'라는 그림자가 드리워져 있지요. AI가 인간을 대체할 것이라는 우려는 더 이상 상상이 아닌 냉정한 경제 논리로 우리 앞에 다가와 있습니다. 인건비 걱정 없이 사용할 수 있는 시스템, 감정이나 건강에 흔들리지 않는 안정성. 이 압도적인 효율성 앞에서 인간의 역할만을 고집하는 것은 어쩌면 시대의 흐름을 외면하는 것일지도 모릅니다.

하지만 잠시 생각해봅시다. 수많은 데이터가 과연 한 사람의 일생과 경험을 완전히 대체할 수 있을까요? 효율적이고 완벽한 진단이 죽음을 앞둔 환자의 손을 잡아주는 의사의 온기보다 따뜻하고, 완벽한 모방이 현실에 저항했던 예술가들의 목적의식보다 숭고할까요? 우리가 사는 세상은 정확성과 효율로는 결코 대체할 수 없는 공감, 윤리, 책임과 같은 가치가 지탱하고 있습니다.

결국 AI 시대에 우리가 생각해야 할 질문은 'AI가 인간을 대신해 무엇을 할 수 있는가?'가 아니라 '인간은 어떤 가치를 지켜야 하는가'일지도 모릅니다. 기술의 발전은 막을 수 없지만, 발전 방향은 인간인 우리가 정할 수 있기 때문입니다. 기술을 비판 없이 수용하거나 막연히 두려워하기보다 인간의 존엄성과 가치를 지키는 방향으로 현명한 사회적 합의를 만들어나가야 합니다.

게임이 우리를
폭력적으로 만든다고?

남자 애들 쉬는 시간에 너무 격하게 노는 거 같지 않아?
책상이랑 의자 다 넘어뜨리고 뭐 하는 건지 모르겠어
게임을 너무 많이 해서 그런지
애들이 너무 폭력적인 거 같음

엥 그건 아닐 듯
게임은 그냥 스트레스 푸는 용도지
나도 게임 하는데 현실에 영향 1도 없어

근데 사람이 경험을 통해서 인격이 형성되잖아
그러니까 게임 속에서 총 쏘고 때려 부수고 하다보면
무의식중에 그런 쪽으로 영향이 있을 거 같아

뭐 그렇게 영향을 받는 사람도 있을 순 있는데
그렇게 따지면 프로게이머들은 어떻게 되는 거임?

어? 듣고 보니 그러네ㅋㅋㅋ

끝장 토론 배틀

사회자 하나의 문화 현상이자 거대한 산업으로 자리 잡은 게임은 오늘날 우리 일상에서 빼놓을 수 없는 부분이 되었습니다. 그러나 화려한 그래픽과 흥미진진한 스토리 이면에는, '게임이 10대를 폭력적으로 만든다'는 익숙한 비판이 그림자처럼 따라다니죠. 청소년이 저지른 범죄 사건이 발생할 때마다 게임이 원인으로 지목되곤 합니다. 과연 게임이 화면 속 가상 현실을 넘어 청소년의 내면과 행동에 영향을 미치는 걸까요? 참가자 여러분께서는 서로의 생각을 존중하며 이 질문에 대한 깊이 있는 의견을 나눠주시기 바랍니다.

소연 게임 속 폭력적인 장면에 반복적으로 노출되는 것은 청소년의 폭력성 증가와 매우 밀접한 관련이 있습니다. 특히 10대는 가치관을 형성하는 매우 중요한 시기로, 이

시기에 잔인하고 폭력적인 콘텐츠를 지속적으로 접하면 자연스럽게 그것을 모방하거나 폭력에 대해 무감각해질 위험이 있습니다. 이로 인해 폭력을 위험하게 여기고 거부하던 마음이 흐려져 건전한 가치관을 갖는 데 방해가 됩니다. 더욱이 10대는 외부 자극에 쉽게 영향을 받기 때문에 게임 속 요소들이 가치관 형성에 부정적인 영향을 미칠 가능성이 높습니다.

채영 저는 10대가 그렇게 판단력이 낮다고 생각하지 않습니다. 게임에서 나오는 폭력적인 장면을 현실 세계와 분리할 수 있을 정도의 인지 능력도 충분히 발달해 있습니다. 또한, 게임과 현실의 폭력 사이에 명확한 인과관계가 있다고 단정하기 어렵습니다. 옥스퍼드 대학교 인터넷 연구소가 영국의 10대 청소년 2,000여 명을 대상으로 연구를 진행한 결과, 폭력적인 게임이 청소년의 공격성과 연관이 없다는 결과를 발표했습니다. 이와 비슷한 연구는 국내에서도 진행된 바 있으며 관련 연구 자료나 논문을 쉽게 찾아볼 수 있습니다. 따라서 게임이 10대를 폭력적으로 만든다는 주장에는 충분한 근거가 없습니다.

원지 물론 대다수의 청소년이 게임 속 폭력과 현실을 구분할 수 있을 거예요. 하지만 진짜 문제가 되는 것은 '도덕적 판단력'의 저하입니다. 게임 속에서는 폭력 행위가 문제 해결의 수단으로 제시되고, 심지어 폭력을 사용한 보상으로 점수나 아이템을 받습니다. 이런 보상 구조는 '힘이 곧 해결책'이라는 잘못된 공식을 각인시킵니다. 심각한 경우, 현실 세계의 갈등 상황에서도 폭력을 문제 해결의 한 방식으로 생각해버리는 왜곡된 가치관을 심어줄 위험이 있습니다. 결국, 청소년의 공격성에 직접적인 영향을 주지 않고도 옳고 그름을 판단하는 도덕적 판단 기준을 흐리게 만드는 것이죠.

주영 청소년의 가치관에 영향을 주는 요인이 게임뿐이라고 단정 짓는 것은 성급한 일반화가 아닐까요? 사람의 도덕성이나 가치관은 게임 하나로만 결정되지 않습니다. 훨씬 근본적인 요인들이 작용하죠. 가정 환경, 교육, 친구 관계와 같은 수많은 요인이 영향을 줍니다. 따라서 게임은 청소년 가치관 형성에 영향을 미치는 여러 요인 중 하나일 수는 있어도, 도덕성을 결정짓는 핵심 요인이라고 볼 수는 없습니다.

10대의 가치관 형성부터 게임 속 보상 구조가 도덕성에 미치는 영향까지 양측의 다양한 의견을 살펴보았습니다. 마지막으로 논의의 범위를 조금 넓혀볼까요? 게임이 폭력성을 넘어, 청소년의 '삶'에 어떤 의미를 갖는지와 관련된 의견을 들어보겠습니다. 과연 청소년기에 하는 게임이, 한 사람의 성장과 삶에 궁극적으로 어떤 영향을 미칠까요?

소연 청소년기는 사회적 관계를 배우고 정체성을 형성하는 시기입니다. 이 시기에 게임에만 몰입하면 친구나 가족과 갈등을 겪으며 감정을 표현하고, 서로의 입장을 이해하는 방법을 배우기 어려워집니다. 더 큰 문제는 게임 속에서는 대화나 타협 없이 폭력으로 문제가 즉시 해결되는 경험을 반복한다는 점입니다. 게임에서 적을 공격하면 장애물이 사라지고 보상을 받습니다. 이런 방식에 익숙해진 청소년은 현실에서 갈등이 생겼을 때도 말보다는 주먹이나 공격적인 언행이 앞서는 경향을 보일 가능성이 큽니다. 결국 폭력을 하나의 수단으로 학습하고 의사소통 능력은 발달시키지 못한 채 성장하면, 사소한 갈등도 공격성으로 표출하는 미성숙한 성인이 될 위험이 높습니다.

채영 청소년은 자아를 형성하고 성장하는 과정에서 많은 스트레스와 압박을 견뎌야 합니다. 학업에 대한 부담, 친구 관계, 진로 고민 등으로 쌓인 긴장감을 해소할 창구가 필요한데, 게임이 그 역할을 할 수 있습니다. 게임을 통해 현실에서 느끼는 좌절감과 공격성을 안전하게 해소할 수 있고 이것이 현실에서의 안정감을 줄 수 있다고 생각합니다. 더 중요한 것은 청소년의 성격에 진짜 영향을 미치는 요인들입니다. 가정 환경, 학교생활, 경제적 환경, 타고난 기질 등이 게임보다 훨씬 큰 영향을 줍니다. 가정이나 학교에서의 지지가 뒷받침된다면 게임은 폭력 학습 도구가 아니라 사회성을 키우는 놀이터가 됩니다. 억압보다는 게임의 순기능을 살리고 자율적으로 조절하는 능력을 길러주는 것이 청소년 성장에 훨씬 유익하다고 생각합니다.

사회자 게임 과몰입의 위험성, 게임 밖 현실의 중요성과 순기능을 강조한 양측의 의견이 인상적인 토론이었습니다. 결국 오늘 나눈 이야기는 게임 자체의 문제와 게임 밖 현실의 문제를 분리해서 볼 수 없다는 점을 분명히 보여주었습니다. 건강한 게임 문화를 위해서는 게임에 대한 청소년들의 올바른 이해와 더불어 청소년들이 학업 스트레스나 친구 관계에서 겪는 어려움을 세심하게 살펴보고 지지해주는 어른들의 노력도 필요할 것입니다. 억압하기보다는 조화가 이루어질 때 비로소 건강한 여가가 될 수 있겠습니다. 토론을 마치겠습니다.

	찬성	반대
논거	**1**. 가치관이 형성되는 시기에 게임 속 폭력에 반복적으로 노출되면 폭력에 무감각해질 수 있다.	**1**. 청소년은 게임과 현실을 구분할 수 있는 인지 능력이 충분하며, 다양한 연구 결과에서 게임과 폭력성의 명확한 인과관계를 증명하지 못했다.
	2. 폭력 행위가 보상받는 게임 속 구조는 도덕적 판단 기준을 흐리게 만들어, 현실에서도 폭력을 정당화하는 왜곡된 가치관을 심어줄 수 있다.	**2**. 도덕성과 가치관 형성에는 가정 환경, 교육, 친구 관계 등 다양한 요인이 작용하기 때문에 게임을 폭력성의 원인으로 보는 것은 성급한 일반화다.
	3. 게임에 대한 과도한 몰입은 소통 능력과 갈등 해결 능력을 배울 기회를 앗아가고, 결국 문제 상황에서 공격성을 표출하는 성향으로 이어질 수 있다.	**3**. 게임은 스트레스를 안전하게 해소하는 도구이며 근본적 요인들이 긍정적으로 뒷받침된다면 게임은 성장과 사회성 발달에 도움을 줄 수 있다.

토론 후 톡

☞ 게임이 폭력적 성향보다 공동체 의식, 팀워크를 키운다는 주장에 대한 나의 생각은?

☞ 만약 내가 좋아하는 게임에서 총이나 칼로 싸우는 대신, '대화로 해결하기', '창의력 배틀' 같은 방식으로 승패를 결정한다면 그 게임은 여전히 재미있을까?

☞ 만약 부모님이 하루에 5시간씩 폭력적인 드라마나 영화를 본다면 어떤 생각이 들까? 어른들은 현실과 구분할 수 있으니까 괜찮을까? 아니면 걱정이 될까?

솔루션 톡

게임은 오늘날 e스포츠로 인정을 받으며 전 세계인이 소통하는 거대한 소셜 플랫폼이 되었습니다. 그러나 여전히 '게임이 청소년의 폭력성을 키운다'는 해묵은 불안감이 그림자처럼 따라다니고 있습니다. 폭력 행위가 점수와 성과로 보상받는 구조, 사회적 관계 대신 가상 세계에서 보내는 시간, 갈등을 힘이나 기술로 해결하는 과정이 현실에서 일어나는 폭력을 무감각하게 만들 것이라는 주장은 완전히 틀린 말은 아닌 것 같습니다.

하지만 한 걸음 깊이 생각해보면 게임이 인간의 성격을 결정하는 절대적인 힘을 가진 것은 아닌 듯합니다. 게임 속에서의 승리와 인정이 부모님의 칭찬보다 뿌듯하고, 게임 캐릭터와의 유대가 현실 친구와의 우정을 대체할 수 있을까요? 게임에서의 성취는 현실 경험이 주는 가치를 넘어설 수 없습니다. 한 사람의 인격은 그를 둘러싼 수많은 관계와 경험, 교육을 통해 능동적으로 형성되기 때문입니다.

따라서 우리가 진짜 고민해야 할 문제는 '게임이 청소년에게 어떤 해악을 끼치는가'가 아니라 '청소년과 그를 둘러싼 사회가 어떻게 관계를 맺고 있느냐'일 것입니다. 게임의 영향을 우려하기보다는 청소년이 바람직한 환경에서 게임의 긍정적인 면을 활용할 수 있도록 접근해야 합니다.

이를 위해서는 게임 산업의 자율적 윤리 기준을 강화하고 연령별 등급 분류를 정교하게 운영해야 합니다. 가정과 학교에서는 청소년들이 게임 콘텐츠를 비판적으로 수용할 수 있도록 돕고 적극적인 대화와 소통의 장을 마련해 주어야 합니다. 무엇보다 청소년들이 게임 외에도 스트레스를 건전하게 해소할 수 있는 다양한 활동과 관계의 기회를 제공하는 것이 중요합니다.

산업, 교육, 정책이 톱니바퀴처럼 잘 맞물려 굴러갈 때, 게임은 비로소 폭력의 위험이 아닌 모든 세대를 위한 안전하고 건강한 문화로 자리 잡을 것입니다.

아바타가 잘못했는데
진짜 감옥에 가라고?

나 어제 게임하는데 웬 모르는 남자 캐릭터가
계속 졸졸 따라다니는 거야
ㄹㅇ스토커인줄

진짜?? 무서웠겠다
그런 사람들은 아이디 정지시켜야 하는 거 아냐?

현실 스토커처럼 신고하고 싶은 심정이었어
다행히 친구가 와서 뭐라고 하니까 가긴 했는데
현실에서 따라다니는 것처럼 소름 끼쳤어

진짜 그랬을 듯
아이디 신고해버려

안 그래도 화면 캡쳐 해뒀어
다음에 또 그러면 진짜 경찰에 신고할 거야

그런 사람들은 진짜 게임 못하게 해야 되는데...

끝장
토론 배틀

(사회자) 몇 해 전 국내 한 포털 사이트에서 운영하는 가상공간에서 성희롱 범죄가 일어난 사건을 알고 계신가요? 가상공간 속 분신인 '아바타'를 상대로 범행을 저지른 사건입니다. 오프라인에서 일어나는 범죄가 온라인에서 재현된 것이지요. 아바타 대상 범죄는 처벌 규정도 명확하지 않고, 실제 범인을 찾기 쉽지 않기 때문에 피해자의 고통이 더욱 클 것으로 예상됩니다. 특히 피해자의 나이가 어린 경우에는 정신적 충격이 더욱 클 것입니다. 한 대학교수는 '아바타는 자신과 동일시되기 때문에 아바타를 대상으로 일어나는 범죄에 아이들은 현실과 동일한 정신적 충격을 받는다'는 의견을 보이기도 했습니다. 이렇게 피해자에게 지울 수 없는 트라우마를 남기는 가상 현실 범죄를 어떻게 처벌해야 할까요? 현실에서 트라우마를 남겼으니 현실과 동일하게 처벌해야 할까요? 아니

면 별도의 기준을 마련해야 할까요? 함께 고민하는 시간을 가져봅시다.

하율 가상 현실에서의 범죄를 현실 범죄와 동일하게 처벌하는 것은 과하다고 생각합니다. 가상 현실은 말 그대로 가짜 세계일 뿐입니다. 게임을 끄거나 로그아웃을 하면 언제든 그곳에서 벗어날 수 있기 때문에 현실과는 완전히 다릅니다. 현실에서는 한 번 일어난 일은 되돌릴 수 없고 피해도 영구적으로 남습니다. 따라서 되돌릴 수 없는 물리적 피해를 남기는 현실 범죄와 그렇지 않은 가상 현실 속 행위를 동일하게 처벌해서는 안 됩니다. 물론 가상 현실에서 일어난 사건이 정신적 피해를 줄 수는 있지만 이것이 현실 피해와 같은 무게를 갖는다고 보기는 어렵습니다. 현실의 법을 그대로 가져와 처벌하는 것은 과잉 대응이며 별도의 법안을 마련해야 한다고 생각합니다.

나윤 가상 현실 범죄로 인한 피해자의 정신적, 심리적 피해와 트라우마는 현실 범죄로 인한 피해와 다르지 않습니다. 이를 가볍게 보아서는 안 됩니다. 특히 사건 이후 피해자에게 불안, 우울, 사회적 고립 등의 문제가 발생한다면 가상 현실 범죄의 피해가 결코 가볍지 않다는 증거가 될 수 있습니다. 피해의 심각성이 현실과 같다면 법적 대응 또한 그에 상응하는 수준이어야 합니다. 만약 이것을 관대하게 처벌한다면 잠재적 가해자들에게 '가상공간은 범죄를 저지르기 좋은 곳'이라는 인식을 심어주어 더 많은 피해자를 발생시킬 것입니다. 기술의 발전으로 범죄의 형태는 변했지만 범죄는 수단이나 공간과 관계없이 타인에게 큰 피해를 준다는 점에서 동일합니다. 따라서 법적 책임 역시 현실과 동일하게 적용해야 합니다.

인아 피해자의 고통은 깊이 공감하고 인정해야 합니다. 하지만 가상 현실에서 발생하는 모든 사건이 가해자의 의도에 의한 것은 아닙니다. 가상 현실은 우리가 통제할 수 없는 변수가 많은 디지털 공간이기 때문입니다. 네트워크 지연, 프로그래밍 오류, 해킹 등으로 인해 사용자가 의도하지 않은 상황이 일어날 수 있습니다. 이런 경우까지 현실과 동일한 법적 처벌을 적용한다면 불합리한 결과를 초래합니다. 따라서 가상 현실 범죄에 대한 처벌은 단순히 행위 자체만 볼 것이 아니라 배경과 상황, 그리고 기술적 오류를 충분히 고려해 합리적이고 공정한 별도의 법으로 처리해야 합니다.

수호 물론 가상공간에서 일어나는 범죄를 모두 '의도적인 범죄'라고 할 수는 없습니다. 하지만 기술적 문제를 이유로 관대하게 처벌한다면 모두가 오류였다고 거짓말하거나 핑계를 대며 범죄를 저지를 수 있습니다. 따라서 가상공간에서의 범죄 사실이 확인되면 피해의 심각성에 따라 현실 범죄와 동일한 기준으로 책임을 묻는 것이 마땅합니다. 가상 현실에서도 현실과 똑같이 처벌받는다는 사실을 알게 되면 잠재적 가해자들이 범죄를 시도할 가능성 또한 크게 낮아질 것입니다. 따라서 현실과 동일한 수준의 강력한 처벌은 가상 현실의 질서와 진짜 현실에서의 안전을 모두 지키는 효과적인 예방책이라고 할 수 있습니다.

사회자 피해자의 고통은 현실이라는 점과 가상 행위의 처벌은 신중해야 한다는 양쪽 의견 모두 설득력 있었습니다. 지금까지 나온 의견 외에 다른 관점이나 해결 방안이 있을까요?

하율 범죄의 크기에 맞춰 처벌의 무게도 달라져야 한다는 것은 상식적인 생각입니다. 예를 들어, 아바타를 따라다니며 괴롭히는 행위와 현실에서 누군가가 내 집 앞을 서성이며 스토킹하는 행위는 둘 다 끔찍한 정신적 고통을 줍니다. 이때, 가상공간에서는 로그아웃이나 탈퇴 등 자신의 의지로 그 상황을 벗어날 수 있어요. 반면 현실에서의 스토킹은 24시간 일상을 위협하며 폭력으로 이어질 수 있다는 공포까지 동반합니다. 이처럼 피해자가 느끼는 위협의 크기와 대처 가능성에 차이가 있는 만큼, 두 경우가 같다고 볼 수는 없습니다. 따라서 처벌에도 이점을 반영해야 합니다. 가상 현실에는 그에 맞는 별도의 처벌 기준을 마련해야 합니다.

나윤 메타버스나 VR 게임을 하며 보내는 시간이 점점 늘어나고 가상공간에서의 경험이 일상의 중요한 부분을 차지하고 있습니다. 이런 상황에서 범죄자가 '가상공간 속 행동일 뿐'이라는 변명에 숨을 수 있도록 만들어서는 안 됩니다. 가상공간에서의 행동도 현실과 똑같이 책임을 묻고 '아바타' 역시 '현실의 나'와 동일 인물임을 분명하게 해야 합니다. 이를 통해 디지털 공간에서도 지켜야 할 최소한의 예의와 책임감을 갖출 필요성을 느껴야 합니다. 결국 두 세계에 동일한 법의 잣대를 적용하는 것이, 우리가 살아갈 디지털 시대를 안전하고 성숙하게 만드는 길입니다.

사회자 피해자의 고통은 현실이기 때문에 가상 현실에서도 현실과 동일한 법의 잣대를 적용해야 한다는 주장이 있었습니다. 반면, 가상 세계의 특수성을 인정하고 죄의 크기에 맞는 별도의 기준을 마련해야 한다는 반론도 팽팽했습니다. 결국 우리는 기술의 발전을 앞서나가는 지혜로운 법과 제도를 어떻게 만들 것인가라는 중요한 과제와 마주하게 되었습니다. 오늘의 깊이 있는 논의가 그 해답을 찾는 여정에 의미 있는 이정표가 되기를 바랍니다. 토론을 마치겠습니다.

한 줄 요약 팩트 톡

	찬성	반대
논거	**1.** 가상공간에서의 피해도 현실과 동일한 정신적 트라우마를 남기므로 동일한 수준의 처벌이 필요하다.	**1.** 가상공간은 언제든 벗어날 수 있는 가짜 세계이므로, 피해를 남기는 현실 범죄와 동일하게 처벌하는 것은 과도하다.
	2. 잠재적 가해자를 억제하기 위해 현실과 동일한 수준으로 강력하게 처벌하는 것이 효과적인 예방책이다.	**2.** 기술적 오류나 해킹 등으로 사용자가 의도하지 않은 상황이 발생할 수 있으므로, 기술적 한계와 의도를 구분한 별도의 법이 필요하다.
	3. 현실과 동일한 처벌을 통해 아바타도 현실의 자신과 같다는 인식을 확립하여 안전한 디지털 사회를 만들어야 한다.	**3.** 가상 현실은 피해자가 로그아웃, 탈퇴 등으로 위협을 차단할 수 있다는 점에서 현실 범죄와 무게가 다르므로 별도의 처벌 기준을 마련해야 한다.

토론 후 톡

☞ VR 게임을 하는 중에 상대가 기분 나쁘게 행동을 하면 어떻게 해결할 수 있을까?

☞ 가상 현실에서 'VR 경찰'이 활동한다면 어떨까? 더 안전할까? 아니면 감시당하는 기분일까?

☞ 만약 해킹으로 인해 내 의지와 상관없이 범죄를 저지른다면 그 책임은 누가 져야 할까?

솔루션 톡

가상공간에서 일어나는 범죄는 디지털 시대가 맞닥뜨린 새로운 문제입니다. 가상공간은 현실과 다른 특성을 가지고 있지만 그 안에서 벌어진 범죄가 남기는 정신적, 심리적 고통과 피해는 현실에서의 피해와 다르지 않습니다. 그렇기 때문에 가상 현실 범죄도 현실 범죄와 동일한 법으로 엄격하게 처리하여 피해자를 보호해야 한다는 목소리가 커지고 있습니다.

이를 위해서는 기존 법에 가상 현실의 특성을 반영하는 새로운 규범이 마련되어야 합니다. 피해 사실을 객관적으로 증명할 수 있는 기준과 절차도 필요합니다. 예를 들어, 가상 현실에서 발생한 심리적 트라우마나 명예훼손을 평가할 수 있는 전문 기관이나 기술적 장치를 마련하여 법적 판단에 활용할 수 있습니다.

이러한 대응은 정부만의 노력으로는 불가능합니다. 플랫폼 제공자와 콘텐츠 개발자는 기술적 보호 장치를 강화하고 범죄 예방을 위한 시스템을 적극적으로 마련해야 합니다. 정부는 법적 규제뿐 아니라 전문 인력 양성, 연구개발 지원, 국제 협력 등에도 힘써야 합니다. 특히 국제적 범죄에 대비해 다른 나라와의 협력과 공동 대응이 반드시 이루어져야 합니다.

범죄에 대한 대응은 처벌 강화와 사용자의 자유 보장 사이의 균형에 달려 있습니다. 이를 위해 사회적 합의를 바탕으로 법적 규제와 자율 규제가 조화를 이루어야 하며 인공지능이나 빅데이터 같은 기술을 활용해 범죄를 조기에 탐지하고 피해 회복을 돕는 것도 중요합니다.

결국 가상 현실 범죄 문제는 모두의 안전과 권리를 지키기 위한 과제입니다. 법과 제도의 개혁, 기술 발전, 교육과 인식 개선이 함께 이루어질 때 미래의 디지털 사회는 더욱 안전해질 것입니다.

SNS 팔로워 수 = 내 인간관계 점수?

속닥속닥 TMI 톡

아니 최유준 있잖아
걔 학교에서는 애들이랑 말도 별로 안 하는데
인스타 팔로워 1만 넘는 거 알아?

진짜? 어떻게 그래?

자기가 하는 게임으로 릴스 만든 게 알고리즘 타서 대박난듯?
그런 거 보면 학교에서 친구 많은 거랑
팔로워랑 전혀 상관없는 거 같음

그래도 현실에 친구 많은 게 낫지
팔로우는 언제든 끊길 수 있는 관계고
팔로워 중에서 실제로 말 한마디도 안 해본 사람이
더 많을걸?

그 말도 맞는데
뭔가 영향력 있는 사람이라는 느낌도 들어
그리고 모르는 사람이라고 하더라도
뭔가 있으니까 팔로우를 하겠지

최유준이 그렇다는 건 아닌데
팔로우를 돈 주고 사는 사람도 있다던데?

끝장 토론 배틀

사회자 SNS에서는 팔로워 수나 좋아요 개수가 그 사람의 인기를 나타내는 지표로 여겨지곤 합니다. 특히 팔로워 수는 한 사람의 사회적인 영향력이나 인간관계를 보여주는 대표적인 숫자로 인식되기도 하죠. 그런데 SNS 팔로워 수가 정말 한 사람의 인간관계를 평가하는 기준이 될 수 있을까요? 아니면 그저 숫자에 불과할 뿐일까요? 이번 토론 시간에는 SNS 팔로워 수가 가진 상징성을 주제로 이야기를 나누며 진정한 인간관계란 무엇일지 함께 생각해보도록 하겠습니다.

수호 저는 팔로워 수가 인간관계를 의미한다고 생각하지 않습니다. 팔로우라는 행동은 단순한 터치에 불과할 뿐, 그 사람과 얼마나 자주 소통하고 얼마나 진심을 나누었는지를 의미하는 것은 아니기 때문입니다. 진정한 관계라면

서로의 슬픔에 공감하고 어려울 때 곁을 지켜줄 수 있어야 하는데, SNS상의 관계는 클릭 한 번으로 언제든 끊어질 수 있는 '가벼운 연결'에 가깝습니다. 마찬가지로 온라인에서 좋아요를 누르는 것과 현실에서 주고받는 신뢰와 공감은 전혀 다릅니다. 진짜 인간관계는 마음을 나누는 깊이로 확인하는 것입니다. 단순히 나를 지켜보는 사람이 많다고해서 그것을 인간관계 점수라고 부르는 것은 무리가 있습니다.

유정 팔로워 수로 인간관계의 전부를 설명할 수는 없지만, 개인이 맺고 있는 사회적 네트워크의 크기와 폭을 보여주는 지표라는 점은 분명합니다. 오프라인에서는 만날 수 있는 사람이 한정적이지만 온라인에서는 수천 명과 연결되어 관계의 범위를 넓힐 수 있습니다. 즉, 디지털 시대에 연결망은 그 자체로 커다란 자산이며, 더 넓은 세상과 소통하고 있다는 증거입니다. 간혹 교류가 없는 팔로워도 있지만, 팔로우 중이라면 언제든 관계를 발전시킬 가능성이 있습니다. 이러한 연결망은 미래에 새로운 기회와 도움으로 이어질 수도 있습니다. 따라서 팔로워 수는 인기뿐만 아니라 개인이 얼마나 넓은 사회적 기반을 가졌는지를 보여주는 척도라고 볼 수 있습니다.

가람 팔로워 수가 새로운 기회와 도움으로 이어질 수 있다는 의견에는 동의합니다. 하지만 그 숫자가 한 사람의 영향력이라는 말에는 동의하기 어렵네요. 팔로워를 돈으로 사거나 가짜 계정으로 조작할 수도 있는 거니까요. 겉으로는 수천, 수만 명의 팔로워가 있는 것처럼 보여도 실제로는 소통 한 번 하지 않은 유령 계정이 대부분인 경우도 많아요. 이런 숫자를 인간관계의 기준으로 삼는다면 결국 사람들은 보여주기식 경쟁에 몰두하게 됩니다. 조작 가능하고 진정성 없는 팔로워 수로 인간관계를 판단하는 것은 겉모습만 보고 인성을 평가하는 것과 뭐가 다를까요?

시은 물론 팔로워 수가 왜곡될 가능성이 있다는 점은 부정할 수 없습니다. 하지만 그것은 일부 사례일 뿐 모든 사람이 그렇다고 할 수는 없죠. 팔로워 수가 많다는 건 디지털 환경에서 다른 사람들의 관심을 끌 만한 콘텐츠나 개성이 있다는 뜻이라고 생각해요. 요즘에는 개인 브랜딩이 중요한 시대이기도 하고, 취업할 때도 많은 회사에서 지원자의 SNS를 본다고 합니다. 이때 팔로워가 많으면 그만큼 온라인 소통 능력과 트렌드 파악이 뛰어나다는 증거가 될 수 있어요.

따라서 팔로워 수는 온, 오프라인을 아우르는 사회적 연결 능력을 보여주는 지표가 될 수 있습니다.

사회자 팔로워 수가 개인의 사회적 영향력과 인간관계의 폭을 반영한다는 의견과 숫자로는 인간관계의 진정성이나 깊이를 설명할 수 없다는 의견이 팽팽했습니다. 마지막으로 각 측의 주장을 보강해 주시기 바랍니다.

수호 제가 마지막으로 강조하고 싶은 점은 온라인과 오프라인에서 맺는 관계의 차이입니다. 온라인에서 수많은 팔로워와 활발하게 소통하는 것처럼 보이는 사람도 막상 현실에서 만나면 대화가 어색하거나 관계를 깊게 이어가지 못하는 경우가 있습니다. 반대로 SNS 계정도 없지만 현실에서 사람들과 금방 친해지고 진심으로 대하는 사람들도 있어요. 이러한 차이는 인간관계의 가치를 눈에 보이는 숫자로만 판단해서는 안 된다는 점을 일깨워 줍니다. 진짜 인간관계는 시간과 노력, 진심과 신뢰로 쌓아가는 것이라고 생각합니다. 터치와 숫자로만 이루어진 팔로워보다는 실제 삶을 함께할 수 있는 친구가 있는지가 진짜 인간관계를 판단하는 기준일 것입니다.

유정 SNS 팔로워 수는 단순한 숫자가 아니라 실제 소통의 규모를 보여주는 증거입니다. 팔로워가 많을수록 내 게시물에 공감하고 반응하는 사람의 수도 자연스럽게 많아집니다. 좋아요와 댓글은 단순한 터치가 아니라 내 생각과 감정에 대한 지지라고 생각합니다. 실제로 많은 사람의 지지와 공감을 받은 사람이나 글이 이슈가 되어 방송에 출연하거나 책을 출간하여 오프라인에서 큰 영향력을 갖게 되는 경우도 많습니다. 이제는 팔로워 수를 의미없는 숫자에 불과하다며 무시하기보다 공감대와 소통 영향력을 명확하게 보여주는 의미있는 지표라고 보아야 합니다.

사회자 오늘 토론에서는 SNS 팔로워 수가 인간관계를 나타내는 기준이 될 수 있는지에 대한 흥미롭고 다양한 관점을 들어볼 수 있었습니다. 팔로워 수가 사회적 영향력, 현실에서의 기회 창출 등 긍정적인 측면을 보여주는 지표가 될 수 있다는 의견이 있던 한편, 진정한 관계의 깊이나 신뢰를 측정할 수 없다는 반박 의견이 있었습니다. 결국 핵심은 우리가 인간관계를 어떤 기준으로 정의하느냐에 달려 있습니다. 팔로워 수가 관계의 '넓이'를 보여줄 수는 있지만, 사람 간에 맺은 관계의 깊이는 진심 어린 소통과 신뢰에서 나온다는 점을 생각해보며 이 시간 마무리하겠습니다.

한 줄 요약 팩트 톡

	찬성	반대
논거	**1**. 팔로워 수는 개인의 사회적 연결망과 영향력을 나타내며 미래 기회 창출로 이어질 수 있다.	**1**. 팔로워는 숫자일 뿐, 진정한 인간관계를 의미한다고 할 수 없다.
	2. 팔로워 수는 디지털 소통 능력과 브랜딩 역량을 나타낸다.	**2**. 팔로워 수는 조작 가능하고 진정성이 부족한 허상이다.
	3. 팔로워 수는 단순한 숫자가 아니라 공감과 소통 규모를 나타내는 의미 있는 관계 지표다.	**3**. 온라인과 오프라인은 다른 영역이며 진짜 인간관계는 시간과 노력으로 쌓은 관계이다.

토론 후 톡

☞ 팔로워는 1,000명인데 편하게 만날 수 있는 친구는 딱 1명뿐이라면 어떤 느낌이 들까?

☞ 팔로워 수가 많은 게 행복의 기준이 될 수 있을까 아니면 오히려 불행을 키울까?

☞ 10년 후 SNS에서 팔로워 수 대신 '진짜 친밀도 지수', '소통 품질 점수' 같은 새로운 지표가 나타나다면 SNS에서 사람들의 행동은 어떻게 변화할까?

솔루션 톡

　디지털 네이티브 세대에게 SNS는 소통 도구를 넘어 정체성과 관계 형성의 핵심 공간이 되었습니다. 특히 '팔로워 수'는 개인의 영향력을 보여주는 직관적인 지표가 되었죠. 팔로워, 좋아요, 댓글 등이 일종의 사회적 점수처럼 여겨지면서 '팔로워 수가 인간관계를 판단하는 척도가 될 수 있을까?'라는 의문이 자연스럽게 떠올랐습니다.

　한쪽에서는 팔로워 수가 개인이 형성한 네트워크의 크기를 보여주는 지표라고 주장합니다. 온라인에서는 오프라인보다 훨씬 많은 사람과 연결될 수 있고 이것이 현실에서의 기회로 이어질 가능성도 있기 때문입니다. 좋아요와 댓글은 단순한 터치로 이루어지는 숫자가 아니라 공감과 지지의 표현이기도 합니다.

　한편, 팔로워 수는 조작이 가능하며 진정한 인간관계의 깊이나 질을 보장하지는 못한다는 의견도 있습니다.

　이처럼 팔로워 수를 둘러싼 시선은 상반적이지만 우리가 궁극적으로 고민해야 할 것은 '인간관계를 어떻게 정의하고 측정할 것인가'라는 본질적인 질문입니다. 팔로워 수라는 양적 기준을 넘어 소통의 빈도나 대화의 지속성, 진정성과 같은 질적 가치에 주목해야 합니다. 이렇게 접근할 때 비로소 SNS 네트워킹은 단순한 인맥을 넘어 사회적 신뢰와 협업 능력을 보여주는 '디지털 자산'으로 발전할 수 있습니다.

물론 이러한 변화를 위해서는 개인의 책임 있는 태도와 사회적 지원이 병행되어야 합니다. 예컨대 '팔로워 수 = 인간관계'라는 단순한 공식을 넘어설 수 있도록 디지털 리터러시 교육을 강화해야 합니다. 또한 플랫폼은 단순 숫자 경쟁보다 관계의 질을 높이는 방향으로 개발해야 할 책임이 있습니다. 이런 노력이 함께 어우러질 때 팔로워는 단순한 숫자가 아니라 우리가 얼마나 넓고 신뢰할 만한 관계를 구축할 수 있는지를 보여주는 의미 있는 지표가 될 것입니다.

AI가 쓴 소설도 문학 작품일까?

만약에 네가 제일 좋아하는 책이 알고 보니
챗 GPT가 쓴 거라고 하면 느낌이 어떨 거 같아?

좀 황당할 거 같긴 한데
별로 상관은 없을 거 같은데?
그리고 나도 그런 거 쓸 수 있나?
그런 생각도 들 거 같아ㅋㅋ

나랑 생각이 다르네
나는 완전 표절이라고 생각해
노력해서 열심히 쓴 사람은 뭐가 되나
그런 생각도 들 거 같고...

그 생각도 맞지
근데 AI를 어떻게 활용하느냐에 따라
대답의 퀄리티나 내용이 완전히 달라지잖아
그렇게 따지면 작품 아이디어는 사람이 낸 거고
AI는 그냥 도구일 뿐인 거 아닌가?

그렇게 생각할 수도 있지만
계속 AI만 사용하다보면
결국 사람은 글 쓰는 능력이나 아이디어 내는 능력도
사라지게 될 거 같은데...

끝장 토론 배틀

사회자 여러분, 혹시 시나 소설에 푹 빠져 늦은 시각까지 잠들지 못해 본 적이 있나요? 문학 작품은 때로 잊을 수 없는 감동을 전하곤 하죠. 지금까지 우리는 문학 작품이 주는 감동은 오직 인간 작가만이 창조할 수 있다고 생각해 왔습니다. 하지만 이제 AI가 쓴 시와 소설이 출간되고 있습니다. 이렇게 인공지능이 만들어낸 작품도 인간 작가가 창조한 작품만큼 감동을 줄 수 있을까요? 나아가 AI가 만든 결과물이 큰 감동을 준다면 그것도 예술이라고 말할 수 있을까요? 오늘은 이 문제를 두고 다양한 의견을 나누어보겠습니다.

다미 저는 AI가 쓴 시나 소설이 발표되는 현상을 '예술의 확장'이라고 생각합니다. 예를 들어보겠습니다. 사진이 처음 등장했을 때부터 사람들이 예술 작품으로 인정했을까요? 그렇지 않습니다. 시간이 지나면서 사진은 예술의 새로운 장르로 자리 잡았고 현재는 그 의미와 가치를 인정받고 있어요. 이렇듯 예술은 언제나 시대의 변화와 기술의 발전에 맞춰 성장하고 진화해왔습니다. AI 작품도 그 연장선에서 이해해야 합니다. AI는 인간이 미처 생각하지 못한 새로운 창작 방식으로 활용될 수 있습니다. 또한 인간과 AI가 각자의 장점을 결합해 새로운 콘텐츠를 만들어낸다면 지금보다 훨씬 다양하고 풍성한 창작물이 탄생할 수 있습니다. 따라서 AI 작품을 미래 예술의 한 갈래로서 수용하는 태도가 필요하다고 생각합니다.

나율 우선 '진정한 창작'이 무엇인지부터 다시 생각해봐야 합니다. 진정한 창작, 진정한 예술은 작가의 깊은 고민과 삶의 경험, 그리고 통찰이 녹아든 결과입니다. 하지만 AI는 이런 감정이나 체험을 담지 못하며 단순히 많은 양의 데이터를 학습한 결과를 보여줄 뿐입니다. 겉보기에는 그럴싸한 작품처럼 보일지 몰라도 결국 기존 창작자들의 표현과 문체를 기계적으로 조합한 결과물입니다. 그 안에서 고유한 철학이나 삶의 흔적을 찾아볼 수 없기 때문에 이것을 독창적이라고 말할 수 없는 것입니다. 즉, AI가 만들어낸 결과물은 창작이라기보다는 정교한 모방에 가깝습니다. 영혼 없이 기술만으로 만든 결과물을 인간의 창의적 활동과 같은 영역에 놓을 수는 없습니다.

마리 AI를 창작 주체가 아닌 '창작 도구'로 생각해보면 어떨까요? AI 창작의 핵심은 인간의 기획력과 방향성에 달려 있습니다. AI는 문장을 매끄럽게 다듬고 표현을 정교하게 만드는 역할을 하지만 무엇을 쓸지, 이야기를 어떻게 전개할지, 어떤 메시지를 전달할지는 여전히 인간의 몫입니다. 예를 들어 인간은 카메라 없이 사진 작품을 만들기 어렵고 카메라는 스스로 작품을 만들어내지 못합니다. 마찬가지로 AI는 카메라처럼 인간이 세상에 전하고 싶은 메시지를 현실로 구현해주는 도구이며 이것을 잘 다루는 것 또한 예술적 능력이라고 볼 수 있습니다. 따라서 AI를 활용한 창작물도 예술로 인정받아야 합니다.

리아 AI를 도구로 보는 관점에도 한계가 있습니다. AI 작품은 저작권 문제를 충분히 설명하지 못하기 때문입니다. AI가 특정 작가의 문체나 이야기 구조를 학습해 유사한 작품을 만들어낸다면 그 작가의 저작권을 침해한 것으로 해석할 수 있습니다. AI가 모든 작가로부터 저작권 승인을 받았다고 보기는 어렵겠죠. 결국 AI는 많은 창작물을 무단으로 흡수하고 재조합하여 새로운 결과물을 만드는 셈이므로 이것은 표절의 한 형태라고 할 수 있습니다. 이러한 결과는 작가들의 창작 동기와 경제적 이익에 직접적인 피해를 줄 수 있습니다. 저작권이 무시된 결과물이 정당한 창작으로 인정받아서는 안 됩니다.

사회자 양측의 이야기를 들어보니 판단하기 쉽지 않은 문제라는 생각이 듭니다. AI 작품도 예술로 인정해야 한다는 측에서는 AI를 도구로 보고, 인간의 기획력과 방향성이 핵심이라는 점에서 새로운 예술로 봐야 한다고 주장했고, 반대 측은 AI가 무단 학습과 저작권 침해 등의 문제가 있으며 독창성 측면에서 예술로 보기 어렵다고 주장하고 있습니다. 결국 쟁점은 AI를 창작의 주체로 볼 수 있는가, 아니면 인간을 보조하는 도구로 한정시켜야 하는가에 달려 있겠네요. 각 측의 마지막 발언을 들어보도록 하겠습니다.

다미 AI 기술은 여러 한계로 인해 창작 활동에 어려움을 겪었던 많은 사람들이 예술에 참여할 기회를 제공합니다. 표현력이 부족하거나 글쓰기에 자신이 없던 사람들도 AI의 도움을 받아 생각과 감정을 효과적으로 표현할 수 있습니다. 이로 인해 다양한 계층, 분야의 사람들이 창작 활동에 참여할 수 있게 되고 그 결과 우리는 이전에는 만날 수 없었던 다양한 관점과 경험이 담긴 작품들을 만날 수 있게 되었습니다. 이러한 관점에서 볼 때 AI는 인간의 아이디어를 효과적으로 구현해주는 훌륭한 예술 도구이며 인간의 창의성을 확장시키는 새로운 예술로 인정받아야 합니다.

나율 AI는 도구라기보다는 사고 능력의 발달과 성장의 기회를 가로막는 장애물이라고 보는 것이 옳다고 생각합니다. 작품은 단순히 결과물을 만드는 것이 아니라 사고와 표현력을 성장시키는 중요한 과정을 포함합니다. AI에 지나치게 의존하면 스스로 고민하고 창작물을 만들어내는 능력을 잃게 됩니다. 수행평가나 숙제를 다른 사람이 대신해주면 당장 성적은 잘 받을 수 있어도 결국 배운 것은 하나도 없는 텅 빈 사람이 되는 것처럼요. AI를 통해 얻은 결과물을 자신의 창작물인 양 생각하는 것은 잘못된 생각이며 예술로 인정할 수 없는 모조품일 뿐입니다.

사회자 양측의 발언 잘 들어보았습니다. AI 시대를 살아갈 우리가 이 기술을 현명하게 활용해야 하는 이유에 대해 다시 한번 생각해보는 시간이 되었습니다. 오늘 나눈 이야기가 여러분이 AI와 창작에 대해 생각해보는 좋은 출발점이 되길 바라며 토론을 마치겠습니다.

한 줄 요약 팩트 톡

	찬성	반대
논거	**1.** 사진이 예술로 인정받은 것처럼 AI 작품 또한 시대 흐름에 따른 예술의 변화이자 확장이다. **2.** AI는 인간의 아이디어를 구현해주는 도구이기 때문에, AI 창작물도 예술로 인정받아야 한다. **3.** AI는 더 많은 사람이 창작에 참여할 수 있게 해주는 도구로, 예술의 다양성을 넓히는 새로운 방식이다.	**1.** AI는 데이터를 기계적으로 재조합한 결과물이며 정교한 모방일 뿐이다. **2.** AI는 기존 창작물을 무단으로 학습해 저작권을 침해하므로 그 결과물은 표절의 한 형태이다. **3.** AI는 스스로 생각하고 창작하는 능력을 빼앗는 장애물이며 그 결과는 모조품에 불과하다.

토론 후 톡

☞ AI 작품이 표절이라고 해도 그 작품이 내 마음을 울린다면 예술이라고 할 수 있지 않을까?

☞ 내가 AI가 쓴 소설이 문학상 수상한다면 부끄러울까 자랑스러울까?

☞ AI가 쓴 소설 100편과 인간 작가가 쓴 단 한 편의 소설 중 평생 하나만 읽을 수 있다면 어떤 걸 고를까?

지금까지 예술은 인간의 감정과 경험, 독창적인 사고에 기반한 산물이라고 여겨져 왔습니다. 그러나 AI는 방대한 데이터를 학습하여 인간이 시도하지 못한 새로운 방식의 창작물을 생산하기 시작했죠. 이러한 상황에서 '창작'이라는 개념은 더 이상 '인간만의 고유한 작업'이 아닌, 인간과 AI의 협업이라는 확장된 개념으로 재정의될 가능성이 높습니다.

이런 변화에 대응하여 예술계와 학계는 AI 창작물을 어떻게 수용하고 평가할지에 대한 논의를 본격화해야 합니다. 예컨대 문학상이나 예술제에 AI 부문을 신설하거나 '인간 단독 창작'과 'AI 협업 창작'을 분리하여 평가하는 제도를 마련할 수 있습니다. 이런 장치가 갖춰진다면 불필요한 혼란을 줄이고 창작의 다양성과 폭을 넓히는 계기가 될 것입니다. 따라서 AI 문학을 표절이라고 단정하기보다는 새로운 창작 카테고리로 제도화하여 수용하는 방향이 더 건전한 길이라고 할 수 있습니다.

한편, AI 창작을 무조건 긍정적으로만 바라볼 수는 없습니다. AI 창작은 본질적으로 기존 작가들의 문체나 아이디어를 학습한 결과물이기에 저작권 문제를 무시할 수 없기 때문입니다. 특히 AI가 특정 작가의 문체, 표현, 혹은 아이디어를 그대로 흡수해 작품을 낸다면 이는 새로운 창작이 아니라 표절과 침해로 분류될 수 있습니다. 따라서 앞으로는 AI 창작물의 독창성과 도용을 구분하는 명확한 윤리적, 법적 기준을 세워야 합니다. 이를 위해 학습 데이터의 투명한 공개, 저작권자 동의 절차 등의 체계가 마련되어야 합니다.

보다 중요한 것은 AI를 인간의 대체재가 아니라 창작 파트너로 인식하는 태도입니다. AI는 방대한 데이터를 빠르고 효율적으로 조합해 새로운 언어적 가능성을 제시할 수 있지만 감정과 윤리, 철학적 사유 같은 인간만의 특성을 담아낼 수는 없습니다. 반대로 인간은 삶과 경험에서 비롯된 독창성과 서사를 만들어낼 수 있지만 정보 처리와 가능성 탐색의 속도에서는 AI만큼 효율적이지 않습니다. 가장 이상적인 방향은 인간과 AI가 서로의 한계를 보완하는 협력형 창작입니다. 인간이 작품의 주제와 감정적 맥락을 제공하면 그것을 바탕으로 AI가 다양한 스타일과 구성을 제시하여 새로운 창작 아이디어를 탄생시키는 것입니다. 이는 예술의 영역을 대립 구도가 아닌 공존의 생태계로 확장시키는 방향입니다.

온라인에서 닉네임이 아닌 실명을 쓴다면?

내가 맨날 보는 그 먹방 유튜버
악플 때문에 유튜브 접는대...ㅠ

와 너 그거 엄청 오래 봤잖아

싫으면 안 보면 되지 왜 악플을 달고 난리?
아예 인터넷에서 실명 쓰면 안 되나?
그럼 악플같은 거 못 달 텐데

음... 근데 실명 쓰면
자유롭게 의견을 못 쓰게 될 수도 있고
자기 자신에 대해 밝히고 싶지 않은 사람도 많잖아

그럼 좋은 댓글만 쓰면 되잖아

그 말도 맞는데,
안 좋은 쪽이 아니라 좋은 일을 하면서도
드러내지 않고 싶은 사람도 많지 않음?
그리고 웹소설이나 웹툰 작가 같은 능력자들도
실명으로 활동하라고 하면 안 한다고 할 지도 몰라

듣고 보니 그러네...
도대체 어떻게 해야 악플을 없앨 수 있을까?

끝장
토론 배틀

○ 사회자 　온라인 환경은 우리에게 없어서는 안 될 소통과 정
보 교류의 공간이지만 동시에 익명성을 악용한 사
이버 범죄와 악성 댓글 문제가 제기되는 논란의 장이기도 합
니다. 이에 따라 온라인에서 실명을 사용하도록 하는 '인터넷
실명제'에 대한 논의가 오랫동안 이어져 왔습니다. 대한민국
에서는 2007년에 인터넷 실명제가 본격적으로 시행되었다가
2012년에 헌법재판소 재판관의 전원 일치로 폐지가 되기도 했
죠. 하지만 익명성을 이용한 사이버 범죄와 악성 댓글 문제가
사회적으로 대두되면서 실명제의 필요성에 대한 꾸준한 찬반
논쟁이 이어지고 있습니다. 이번 시간에는 인터넷 실명제가
온라인 질서를 위한 조치인지 아니면 자유를 제한하는 과도한
규제인지를 논의해보겠습니다.

보경 저는 인터넷 실명제를 반드시 시행해야 한다고 생각합니다. 지금도 온라인 공간에서는 익명성에 숨어 책임감 없이 악성 댓글을 다는 행위가 만연해 있습니다. 악플은 사람의 인생을 송두리째 무너뜨리기까지 합니다. 실제로 연예인이나 공인이 악성 댓글로 인해 극심한 고통을 받다가 자살이라는 극단적인 선택까지 하는 사례가 끊이지 않고 있습니다. 따라서 댓글을 쓰는 사람이 최소한의 책임 의식을 갖도록 만드는 장치가 필요합니다. 실명제를 시행하여 온라인 이용자들이 자신의 행동에 책임을 지게 한다면 맥락 없는 혐오 발언과 막말은 자연스럽게 줄어들 것입니다. 인터넷 실명제는 온라인 공간의 책임 있는 소통을 강화하는 효과적인 방법이라고 생각합니다.

상혁 악플 문제의 심각성에는 동의하지만 인터넷 실명제가 근본적인 해결책이 될 수 있을지는 모르겠습니다. 실명제는 표현의 자유라는 가치를 훼손할 위험이 있습니다. 실명제가 도입되면 보복이나 사회적 불이익이 두려워 사람들이 아무 말도 하지 않는 상황이 올지도 모릅니다. 특히 정치나 사회 비판처럼 민감한 주제에 대해서는 더욱 말을 아끼

겠죠. 불이익이 걱정되는 의견이나 보복의 우려가 있는 문제를 제기해야 할 때 실명으로 목소리를 낼 수 있을까요? 미투 운동과 같이 대대적인 사회 운동도 무조건 실명으로만 참여할 수 있었다면 많은 사람들이 용기를 내지 못했을 거예요. 결국 인터넷 실명제는 온라인 공간을 검열된 발언만 허용되는 곳으로 위축시킵니다. 이것은 자유로운 소통을 막을 뿐 악플 문제의 진짜 해결책이 될 수 없습니다.

소연 표현의 자유도 중요하지만 익명성 때문에 발생하는 심각한 피해들을 무시해서는 안 됩니다. 자유에는 반드시 책임이 따르죠. 지금은 사이버 괴롭힘, 온라인 사기 등 범죄가 발생하면 범죄자를 찾기 위해 복잡한 IP 추적 과정을 거쳐야 하지만 실명제가 도입되면 즉시 확인이 가능합니다. 수사기관이 범죄자를 추적하고 사건을 해결하기 훨씬 쉬워집니다. 그리고 범죄 예방 효과도 있습니다. 실명이 드러나기 때문에 애초에 악플이나 허위 정보, 사이버 성범죄 같은 일을 저지르기 어려워집니다. 이처럼 인터넷 실명제는 온라인을 더 안전한 공간으로 만드는 데 꼭 필요한 제도라고 생각합니다.

연두 실명제가 범죄 예방에 효과적일 수 있다는 주장은 어떤 관점에서는 타당할 수 있지만 그게 모든 문제의 해결책이 되지는 않아요. 단점이 더 많다고 생각합니다. 예를 들어 인터넷 실명제가 도입되면 사회적 약자나 소수자들이 자신의 정체성을 자유롭게 드러내고 소통할 수 있는 공간이 줄어듭니다. 정체성을 드러내는 순간 차별과 불이익을 걱정해야 하기 때문입니다. 익명성이 보장되어야 비로소 눈치와 차별 없이 자유롭게 목소리를 낼 수 있고 비슷한 상황의 사람들과 소통하며 자유롭게 교류할 수 있습니다. 익명의 자유로움을 활용해 사적인 부분을 드러내지 않고도 표현의 자유를 보장받을 수 있는 공간은 반드시 필요합니다.

사회자 양측의 주장을 잘 들어보았습니다. 찬성 측은 인터넷 실명제가 사이버 범죄와 악성 댓글을 줄이고 책임감 있는 의사 표현을 장려할 것이라고 강조했습니다. 반면, 반대 측은 실명제가 도입되면 표현의 자유가 위축되고 사적 정보 공개로 인한 차별과 불이익이 발생할 우려가 있다는 문제를 제기했습니다. 양측 모두 타당한 근거를 들어주셨네요. 이제 양측의 마지막 주장을 들어볼까요?

상혁 인터넷 실명제는 사이버 범죄 예방이라는 명분이 있음에도 불구하고 개인정보 보호 보안 측면에서는 심각한 위험을 발생시킵니다. 대표적으로 인터넷 실명제를 시행했던 2011년에 네이트와 싸이월드라는 대형 플랫폼에서 약 3,500만 명의 개인정보가 유출된 사건이 있죠. 모든 온라인 활동이 실명, 주민번호 등과 직접 연계된다면 이런 사고는 훨씬 더 크고 치명적인 피해로 이어질 겁니다. 특히 디지털 네이티브 세대에게는 개인 프라이버시가 사실상 없어지겠죠. 따라서 인터넷 실명제는 공간을 안전하게 만들기보다는 불안정성과 위험에 노출시킬 가능성을 크게 만든다고 할 수 있습니다.

보경 개인 정보 유출 문제는 보완 시스템 강화로 해결할 수 있는 문제이지, 실명제 자체를 하지 말아야 할 이유가 될 수는 없습니다. 제가 마지막으로 강조하고 싶은 인터넷 실명제의 효과는 가짜 뉴스와 허위 정보 확산 방지입니다. 온라인에서는 누구나 익명으로 정보를 생산하고 유통할 수 있다 보니 입시나 취업, 타인에 대한 왜곡된 소문, 거짓 투자 정보 등 잘못된 정보가 퍼져 큰 피해를 주고 있습니다. 실명제가 도입되면 확인되지 않은 정보를 무책임하게 퍼뜨리기가 어려워지는 효과가 있죠. 실명이 걸려 있다는 사실만으로도 사람들은 정보를 생산하고 유포하는 일에 신중해질 수 있습니다. 그렇게 되면 청소년이 주로 활동하는 플랫폼이나 SNS에서도 신뢰할 만한 정보가 더욱 많아질 것입니다. 이처럼 인터넷 실명제는 허위 정보 확산을 막고 온라인 공간의 신뢰도를 높이는 효과적인 장치가 될 것입니다.

사회자 이번 토론에서는 인터넷 실명제의 필요성에 대한 찬성과 반대 측의 의견을 들어보았습니다. 결국 이 논의는 온라인 공간에서 자유와 책임의 균형을 어떻게 설정할 것인가라는 근본적인 질문으로 이어집니다. 자유로운 표현을 보장하면서도 무분별한 악성 행위를 억제할 수 있는 제도적 대안은 무엇인지에 대해 앞으로도 지속적인 고민이 필요합니다.

	찬성	반대
논거	**1.** 실명제가 도입되면 온라인 이용자들이 자신의 발언에 책임지게 되면서 악플을 줄일 수 있다.	**1.** 실명제는 표현의 자유를 방해하여 정치, 사회 비판 같은 중요한 발언을 위축시킨다.
	2. 실명제로 인해 사이버 범죄자 추적이 쉬워지고 범죄 예방 효과도 기대할 수 있다.	**2.** 사회적 약자와 소수자의 안전한 소통 공간을 없애 표현의 기회를 박탈한다.
	3. 실명이 공개되면 가짜 뉴스와 허위 정보의 확산을 막아 정보에 대한 신뢰도를 높일 수 있다.	**3.** 실명제는 개인정보 유출 위험을 키워 온라인을 더 불안정하게 만든다.

토론 후 톡

☞ 글 올릴 때 이름이 같이 공개된다면 SNS나 커뮤니티에서 말투가 달라질까?

☞ 표현의 자유와 개인의 인권 중 뭐가 더 중요할까?

☞ 만약 인터넷 실명제가 도입되면서 자유롭게 토론할 수 있는 공간이 사라진다면 사람들은 침묵하게 될까? 아니면 새로운 공간을 찾아낼까?

솔루션 톡

　온라인 공간에서 벌어지는 문제들은 이제 단순한 '온라인상의 일'로 치부할 수 없는 수준에 이르렀습니다. 한 사람의 인생을 송두리째 무너뜨리는 악성 댓글, 사회 전체를 혼란에 빠뜨리는 허위 정보와 사이버 폭력은 현실 세계에 커다란 상처를 남깁니다.

　이 문제에 대한 한가지 해결책으로 제시되는 '인터넷 실명제'는 찬반 논쟁이 첨예하게 대립하는 주제입니다. 익명성을 제한하는 것이 온라인 공간을 더 안전하게 만들 것인지, 아니면 자유로운 소통을 억압하는 결과를 낳을 것인지에 대한 논의가 필요합니다.

　인터넷 실명제를 둘러싼 핵심 갈등은 표현의 자유와 피해자 보호 간의 균형 문제입니다. 실명제 도입 반대 측은 실명제가 사회적 비판 발언을 위축시켜 자유로운 토론을 훼손하고, 사회적 약자와 소수자들의 소통 공간을 빼앗는다고 주장합니다. 한편, 찬성 측은 표현의 자유가 다른 사람의 인권과 생명을 해쳐서는 안 되며 악성 댓글에 의한 피해가 크다고 지적합니다.

또한 실명제가 사이버 범죄 예방과 허위 정보 확산 방지에 효과적일 수 있다고 강조합니다.

우리는 한쪽 가치만을 앞세우는 방식이 아니라 상황과 맥락에 맞는 제한적 실명제를 검토해야 합니다. 예컨대 특정 민감한 사안이나 피해 가능성이 큰 영역에만 실명 확인 제도를 도입하거나 AI 기반의 탐지 시스템 같은 기술적 대안을 활용하는 것입니다. 나아가 디지털 윤리 교육을 통해 이용자 스스로 책임 있는 문화를 형성하도록 하는 것이 근본적인 해결책이 될 것입니다.

결국 인터넷 실명제 논란은 제도의 채택 여부가 아니라 책임감 있는 디지털 문화를 어떻게 형성할 것인가의 문제입니다. 성숙한 문화는 강제적 제도만으로는 만들어지지 않습니다. 모두가 필요성을 느끼고 적극적으로 참여하는 성숙한 시민 의식이 바탕이 되어야 합니다.

실험실에서 사람을 만들어 낼 수 있다면?

> 과학 시간에 쌤이 보여준 영화 있잖아
> '아일랜드'였나? 그거.
> ㄹㅇ끔찍하지 않음?
> 어떻게 장기를 사용하려고 인간을 복제할 수 있지?

아 그 영화 재밌었어ㅋㅋ
그게 영화라서 그런 부분도 있긴 했는데
실제로 인간 복제가 되면 좋은 점도 많을 거 같긴 해

> 그렇게 생각한다고? 어째서?

장점 엄청 많지
일단 불치병에 걸린 사람 치료할 수도 있고
아기를 낳을 수 없는 부부나 동성 부부도
자녀를 가질 수 있게 되잖아

> 건강이나 의학 쪽에서는 장점이 많네
> 근데 너무 자연의 섭리를 거스르는 거 같은 느낌이야
> 공장에서 사람을 만들어내는 것 같은 느낌?

내 생각도 그렇긴 해
그래서 한 사람을 완전히 복제하는 건 좀 그렇고
장기만 복제하는 정도는 엄청 좋을 거 같아

여러분, 혹시 '비아젠 펫츠(Viagen Pets)'라는 미국 기업에 대해 들어본 적 있나요? 비아젠 펫츠는 반려동물 유전자 복제 서비스를 제공하는 회사로, 한국 돈으로 6,000만 원 정도면 반려동물을 복제할 수 있다고 해요. 무지개 다리를 건넌 반려동물을 다시 만날 수 있다는 가능성으로 인해 반려견이나 반려묘를 키우는 사람들에게 희망적인 소식이라고 합니다. 그런데 만약 이 유전자 복제 기술을 사람에게 적용한다면 어떨까요? 인간 복제는 치료 목적의 연구를 제외하면, 대부분의 국가에서 엄격하게 금지되고 있습니다. 하지만 영화, 드라마 소재로 다양하게 활용되며 생명 과학 기술의 발전과 함께 논란의 중심에 서 있죠. 오늘은 '인간 복제를 허용해야 하는가'라는 주제로 여러분과 이야기 나눠보겠습니다. 인간 복제가 우리 사회에 어떤 영향을 줄지 깊이 고민해 보는 시간이 되기를 기대합니다.

영서

인간 복제 기술은 장기 이식과 불치병 치료에 가능성을 열어줍니다. 지금도 장기 이식을 기다리다가 제때 이식을 받지 못해 사망하는 환자들이 수없이 많습니다. 만약 인간 복제가 가능해진다면 이런 안타까운 일이 크게 줄어들 것입니다. 또한 불임이나 난임으로 임신이 어려운 경우, 인간 복제 기술이 대안이 될 수 있습니다. 시험관 아기도 초창기에는 부정적인 시선과 수많은 윤리적 문제가 있었지만 지금은 수많은 불임 부부에게 희망을 주고 있죠. 마찬가지로 인간 복제도 무조건 부정적으로 생각할 것이 아니라 제도적으로 뒷받침된다면 신체적으로 고통받는 사람들에게 희망이 될 수 있습니다. 결국 인간 복제는 생명을 살리고 삶의 질을 향상시키는 데 있어 반드시 발전해야 할 기술입니다.

지은

장기 이식이나 불임 문제만을 놓고 보면 분명히 장점이 많은 기술처럼 보일 수 있습니다. 하지만 인간 복제는 단순히 의학적 관점만 보고 판단할 일이 아닙니다. 공장에서 물건을 찍어내는 것처럼 인간을 '필요할 때 만들어 쓰는 존재'로 보는 순간, 인간의 존엄성은 훼손됩니다. 누군가가 장기를 사용하려고 일부러 만들어낸 그 사람의 삶과 정체성은 누가 책임져 주나요? 그리고 과연 우리 사회가 복제 인간을 똑같은 사람으로 존중해줄까요? 개인의 목적을 이루기 위해서 인위적으로 사람을 만들어내서는 안 됩니다. 어떤 경우에도 사람은 수단이 되어서는 안 됩니다.

찬희 반대 측에서 우려하시는 부분은 복제 기술의 문제가 아니라 규제가 없어서 생기는 문제 아닐까요? 기술 자체를 금지하기보다는 엄격한 규제와 심사 등을 통해 제한적으로 활용하면 됩니다. 복제 인간을 대량으로 찍어내듯 생산하는 것은 당연히 금지해야 하지만 의료용 장기나 조직 등으로만 범위를 한정한다면 도덕적, 사회적 문제를 예방할 수 있어요. 그렇게 된다면 복제 기술은 단점보다 장점이 더 크게 작용할 것입니다. 따라서 인간 복제를 허용하되 제한적으로 하는 방향으로 해야 합니다.

도윤 복제 기술을 규제로 관리하면 된다는 주장은 지나치게 낙관적인 생각입니다. 비용이 많이 드는 복제 기술은 처음부터 부유층이 독점할 가능성이 크죠. 그 결과 우수하다고 판단한 유전자만을 선별적으로 복제할 가능성이 높습니다. 즉, 유전자 복제 기술은 단순한 의료 기술을 넘어 새로운 형태의 우생학을 탄생시킬 우려가 있다고 생각해요. 기술 발전이 인간 평등의 가치와 다양성을 파괴하는 기술이라면, 제한적 허용조차 용인해서는 안 됩니다.

사회자 양측의 주장을 들어보니 확실히 생명 과학의 발전이 우리에게 얼마나 많은 가능성과 동시에 무거운 책임을 주고 있는지 알 수 있었습니다. 찬성 측은 인간 복제가 질병 치료와 생명 연장에 새로운 가능성을 열 수 있다고 강조했고 반대 측은 인간 존엄성 훼손과 사회적 위험성을 근거로 강하게 반대하고 있습니다. 또 다른 근거도 있을까요?

영서 역사적으로 기술은 끊임없이 발전해왔습니다. 그 흐름 속에서 생명 과학 기술만 예외적으로 막는 건 불합리한 일인 데다, 어쩌면 인류의 발전을 가로막는 일일지도 모릅니다. 역사상 처음 등장한 기술은 항상 초기에 여러 가지 저항과 부정적인 시선을 받습니다. 핵 역시 처음에는 무기라는 인식 때문에 강한 반발을 일으켰지만 지금은 의료용 방사선 치료나 에너지 생산과 같은 이익을 주고 있습니다. 인간 복제 기술도 마찬가지로 전체적인 의료 수준을 높이고 여러 분야로 확장될 것입니다. 기술 발전의 흐름을 막는 것은 흐르는 강을 손으로 막으려는 시도와 같다고 생각합니다.

지은　과학 기술의 발전을 이유로 안전성을 무시해서는 안 됩니다. 복제 양 돌리를 예로 들어볼까요? 세계 최초로 복제에 성공한 포유류 동물인 돌리는 조기 노화, 폐 질환 등이 나타나 수명의 절반도 살지 못한 채 안락사되었습니다. 이렇게 동물 복제 실험만 봐도 성공률이 낮고, 운 좋게 성공하더라도 기형이나 조기 사망 등 심각한 문제가 많습니다. 이런 걸 단지 기술적으로 가능하다는 이유로 인간에게 시도한다는 것은 위험하고 무모한 일입니다. 아직 기술적으로 검증이 되지 않은 상황에서 인간의 생명을 실험 대상으로 삼는 것은 결코 허용되어서는 안 됩니다.

사회자　양측 모두 설득력 있는 근거를 보여주셨습니다. 인간 복제가 단순히 과학의 문제가 아니라 사회 전반에 걸친 깊은 논의가 필요하다는 점을 다시 한번 확인할 수 있었습니다. 이번 토론이 여러분에게 과학기술과 윤리의 관계에 대해 생각해보는 좋은 기회가 되었기를 바랍니다.

	찬성	반대
논거	**1**. 인간 복제는 장기 이식과 불치병 치료, 불임 문제 해결에 희망을 줄 수 있다.	**1**. 인간 복제는 단순한 의학적 문제를 넘어 인간을 수단으로 전락시켜 존엄성을 훼손한다.
	2. 기술 자체를 금지하기보다 엄격한 규제를 통해 제한적으로 활용하는 것이 바람직하다.	**2**. 복제 기술은 부유층과 권력 집단에 의해 독점, 악용되어 새로운 우생학과 극단적 불평등을 초래할 수 있다.
	3. 과학 발전을 인위적으로 막는 것은 인류의 진보를 가로막는 행위이며, 복제 기술은 전체 의료 수준 향상에 기여할 것이다.	**3**. 안정성이 입증되지 않은 상황에서 인간을 대상으로 삼는 것은 무모하고 위험한 일이다.

토론 후 톡

☞ 만약 나와 똑같은 복제 인간이 만들어진다면, 그 사람은 '진짜 나'일까 '다른 사람'일까?

☞ 인간 복제를 금지하는 것은 정말 기술 발전을 가로막는 일일까? 아니면 위험을 예방하는 현명한 선택일까?

☞ 가끔 자기 자신 대신 복제 인간을 학교에 보내는 친구가 있다면, 복제 인간과 원래 친구 둘 다 내 친구일까? 아니면 누가 진짜 내 친구일까?

솔루션 톡

인간 복제 기술은 더 이상 공상과학 소설 속 이야기가 아닙니다. 1996년 복제 양 돌리의 탄생 이후, 줄기세포 연구와 재생 의학이 급속도로 발전하면서 인간 복제의 가능성이 현실로 다가오고 있습니다. 일부 국가에서는 난치병 치료나 장기 이식 등을 위한 치료 목적에 한해 엄격한 규제 아래 제한적으로 연구를 허용하고 있지만, 완전한 인간을 복사하는 생식 복제에 대해서는 전 세계적으로 금지되고 있습니다. 빠르게 발전하는 과학 기술의 흐름 속에서 '인간 복제를 허용해야 하는가'라는 질문은 더 이상 먼 미래의 문제가 아닙니다.

그러나 인간 복제 문제는 윤리적 논란을 넘어 인간의 정체성과 존엄성 훼손을 비롯한 다양한 사회적인 문제를 발생시킬 수 있습니다. 또한 사회적 불평등을 심화시키고 기술적 안전성 부족으로 인한 심각한 부작용을 초래할 수 있습니다.

하지만 연구 자체를 전면 금지하는 것도 완벽한 답은 아닙니다. 예컨대 장기 이식, 희귀 질환 연구처럼 한정된 범위에서의 복제 기술은 삶의 질을 높이는 획기적인 치료 방안이 될 수 있기 때문입니다.

따라서 인간 복제 논의는 단순한 찬반을 넘어, 과학 발전과 인간 존엄성 사이의 균형을 찾는 사회적 합의로 이어져야 합니다. 국제적 규제와 윤리적 장치를 마련하고, 해당 기술을 오직 인류의 복지를 위한 도구로만 사용하겠다는 명확한 원칙과 실행 방안을 마련해야 합니다.

토론 좀 하는 중딩이 되고 싶어

초판 1쇄 인쇄일 | 2026년 2월 23일   초판 1쇄 발행일 | 2026년 2월 27일

지은이 | 이현옥
펴낸이 | 강창용
기 획 | 성현서
편 집 | 홍민지
디자인 | 가혜순

펴낸곳 | 느낌이있는책
출판등록 | 1998년 5월 16일 제10-1588
주 소 | 경기도 고양시 일산동구 고양대로 953-17, 한울빌딩 2층
전 화 | (代)031-932-7474
팩 스 | 031-932-5962
이메일 | feelbooks@naver.com

ISBN 979-11-6195-258-1 43370

* 이 책의 제작에 도움을 준 이서은 학생과 박주은 학생에게 감사드립니다.
* 책값은 뒤표지에 있습니다. * 잘못된 책은 구입처에서 교환해 드립니다.